U0925113

我国房地产
税制优化及税收效应研究

郭婧娟　任毅鹏　郝爱博　著

北京交通大学出版社
·北京·

内容简介

本书通过分析我国及发达国家现行房地产税收制度，研究房地产税对房地产泡沫抑制机理，并结合我国房地产市场发展现状及调控的具体实践，提出我国房地产税制优化的三种方案。定量分析不同税制优化方案对房地产泡沫的抑制作用，度量不同优化方案在控制房地产价格方面的效果，提出我国房地产税制改革阶段性适用方案。通过税制优化对房地产业各参与主体（地方政府、房地产开发商和消费者）效应的研究，论证税制优化方案的合理性。

本书在优化我国房地产税收结构，完善纳税方案，利用房地产税制抑制泡沫和降低房价方面，为政策制定者提供一定理论依据。

图书在版编目（CIP）数据

我国房地产税制优化及税收效应研究 / 郭静娟，任毅鹏，郝爱博著. —北京：北京交通大学出版社，2016.11

ISBN 978-7-5121-3064-7

Ⅰ. ① 我… Ⅱ. ① 郭… ② 任… ③ 郝… Ⅲ. ① 房地产税-税收管理-研究-中国 Ⅳ. ① F812.423

中国版本图书馆 CIP 数据核字（2016）第 278049 号

我国房地产税制优化及税收效应研究
WOGUO FANGDICHAN SHUIZHI YOUHUA JI SHUISHOU XIAOYING YANJIU

责任编辑：郭东青
出版发行：北京交通大学出版社　　电话：010-51686414　　http://www.bjtup.com.cn
地　　址：北京市海淀区高梁桥斜街 44 号　　邮编：100044
印 刷 者：北京艺堂印刷有限公司
经　　销：全国新华书店
开　　本：170 mm×242 mm　　印张：10.75　　字数：172 千字
版　　次：2016 年 11 月第 1 版　　2016 年 11 月第 1 次印刷
书　　号：ISBN 978-7-5121-3064-7/F · 1655
印　　数：1～1000 册　　定价：46.00 元

本书如有质量问题，请向北京交通大学出版社质监组反映。
投诉电话：010-51686043，51686008；传真：010-62225406；E-mail：press@bjtu.edu.cn。

目　录

第一章

绪 论

第一节 研究背景和意义

一、研究背景

房地产业是我国国民经济的支柱产业，在经济发展中发挥着重要作用，仅2014年，全国房地产业投资达131 348.16亿元，占全社会固定资产投资总额的26%。然而飞涨的房价也成为全社会大众关注的重点话题，近年来中央和地方政府实施了最大力度的房地产宏观调控政策，但仍然难以平抑高涨的房价。房地产税收作为调节杠杆，已逐渐成为财政收入的重要支撑，在调节土地占有关系，调整土地收益分配，抑制房地产投机，促进房地产资源的有效利用等方面发挥了重要作用。

全国商品房平均销售价格从2000年的2 112元/m^{2}上涨到了2014年的6 323元/m^2，十多年的时间房价几乎涨了2倍。快速攀升的房价，也引发了对我国是否存在房地产泡沫的争论。国际上对房地产泡沫进行测度的主要标准为房价收入比、租售比和空置率等。在中国房屋空置率的数据不易获得，房价收入比较易获得，以北京为例，北京房价指数从2003年的1上涨到2013年的7.6，即在十年间房价涨了6.6倍，而与此同时，北京市的人均可支配收入只涨了2倍。2015年北京市平均房价达到32 131元/m^2，环比上涨2.12%。2014年全国35个大中城市房价收入比均值为10.6，并呈快速上升趋势。2015年，北京市房价收入比为14.5；上海房价收入比为14。不难发现，房价收入比的数据已经远远高于国际上通用的房地产泡沫警戒线，即房价一般为家庭年收入的3～6倍这一标准。我国房价收入比的数据也远远高于房地产泡沫破裂前的日本、美国。2013年鄂尔多斯、温州等地房价的暴跌，不得不引起各界对房地产泡沫的关注。

房价的快速上涨不仅对国民经济的健康发展产生了一定的影响，也对居民的正常居住需求产生了重大影响。2003年起从中央政府到地方各级政府先后出台了多项房地产调控政策，但是房价快速上涨的势头并未得到有效抑制。在这些政策中，最受关注的莫过于对现行房地产税的改革。每当房地产市场在一段时间内过热时，不论是政府官员还者是专家学者关于房地产税改革动向的言论总是占据各大媒体的头版头条。

房地产税是调节收入和财富分配的重要手段之一，我国现行的房地产税，直接税比重较低，地方税体系不够完善，调节经济、社会功能较弱，通过房地产税调控房地产市场及抑制收入分配差距扩大的作用难以体现。因此，改革现行房地产税体系，建立起符合我国国情的房地产税收制度将成为我国税收改革及抑制房地产投机、平抑房价的一项重要举措。

二、研究意义

我国房地产税制优化，有利于形成统一和规范的房地产税收制度，清理税费不分和税费繁多的现象；有利于解决土地闲置与炒地并存的现状，抑制房地产行业的投机活动；有利于调整房地产行业的市场结构，使市场结构恢复平衡；有利于改变房地产收益分配格局，使政府能够参与土地增值价值的再分配，提高地方政府的财政收入。本书主要针对我国房地产税几种有代表性的方案对房地产泡沫的抑制效果进行度量，并从房地产泡沫抑制的角度对房地产税改革方案的选择进行研究，具有理论和现实两方面的意义。

理论意义上，在我国土地公有制制度环境下，建立房地产税制结构和内容的基本理论，对房地产课税理论和税收效应理论进行延伸。从抑制房地产泡沫的角度出发，对房地产税制改革方案的选择给出建议。

现实意义上，为优化房地产税收结构、完善纳税方案提供政策建议。为使

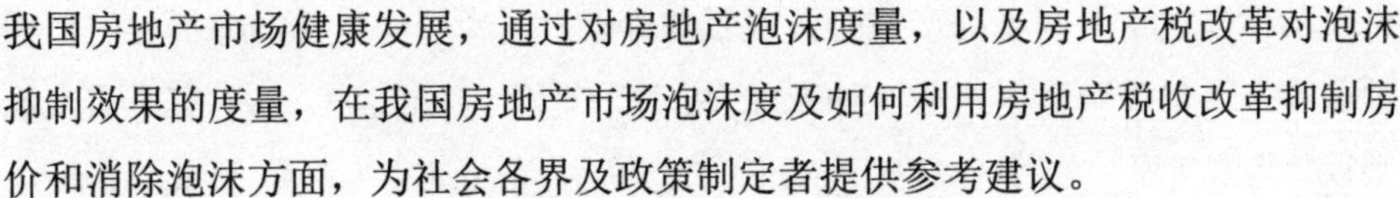

我国房地产市场健康发展，通过对房地产泡沫度量，以及房地产税改革对泡沫抑制效果的度量，在我国房地产市场泡沫度及如何利用房地产税收改革抑制房价和消除泡沫方面，为社会各界及政策制定者提供参考建议。

第二节　国内外研究现状

一、房地产税收研究现状

（一）国外研究现状

1. 房地产税收理论

在很多西方国家，房地产税是财产税的主要构成部分，相关文献中，大多将财产税和房地产税、不动产税视作等同概念。财产税在国外是一个较为成熟的税种，相关的文献研究也很丰富，主要集中在财产税与地方政府财政关系、地方财产税受益与否、财产税负的累进和累退性争论、房地产税归属与超额负担理论等方面，下面重点讲述后三者。

1）地方财产税受益与否

关于地方财产税，主要有“受益论”和“新论”两种对立观点。受益论是指财产税的税收收入用于为纳税人服务和自身受益，不造成福利损失。其理论基础是从 Tiebout 1956 关于地方支出决定理论的模型延伸而来的，Rubinfeld 1987 指出了该模型的强假设[1]。Hamilton 1975 通过加入财产税融资、政治及分区的因素，延伸了蒂布模型[2]。William 和 Fischel 1992 在 Hamilton 模型的基础之上，通过对分区法规已经足够严格的论证说明完全可以将财产税转化为一种受益税[3]。George 和 Zodrow 是财产税“新论”的拥护者，新论在哈伯格（Harberger）税负归宿模型的基础上，认为税收的平均负担主要由资本要素承担，以资产作为征税对象扭曲了地方财政决策和房地产市场供需情况[4]。新论更加倾向于中央政府财产税实践，而受益论倾向于地方政府。

2）财产税的累进和累退性争论

关于财产税累进和累退性的争论，是由对财产税不同的定性和分析方法而引发的。累进论是基于财产税是资本税的假设并采用一般均衡的分析方法，相关研究人员包括米斯克斯基（Meiszkowski）、艾伦（Henry Aaron）等。累退论则视之为消费税，采用局部均衡的分析方法，其代表是迪克・纳泽（Dick Netzer）的研究[5]。我国房地产税制改革，需要将相关房地产领域税费进行合并简化，因而有必要借鉴国外研究成果分析我国房地产税是否具有实际的累进性，以确保其作为税收公平手段发挥应有的收入分配功能。

3）*房地产税归属与超额负担理论*

房地产税归属领域的争论较多，主要观点如下。房地产税是一种资本税，其代表人物米斯克斯基（Mieszkowski）通过一般均衡分析得出了关于财产税的新观点[6]，并被艾伦（Aaron）通过实证分析进行了检验[7]。另有一种观点认为，房地产税是一种货物税。公共产品理论体系认为地方财产税是为换取地方公共服务而支付的费用，不会对住房市场产生扭曲的作用。以上几种观点，在房地产税的缴纳者是否有超额负担的看法上都倾向于认为税负是合理的。

2. 房地产税收制度

房地产税是世界范围内各国普遍征收的一种税，目前世界各国的税收体系中几乎都涉及与房地产相关的税收，并将其作为重点征收的税收种类。具体的税收类型大致可以归纳为以下四类。

一是针对纳税人某一时点的所有财产（动产和不动产）综合征收的一种税，其中不仅涉及房地产，同时还包括其他财产。采用此种征税方式的国家包括美国、荷兰、德国、瑞典、瑞士和丹麦等。

二是将征税对象扩大到土地、房屋和有关建筑物、车船及其他固定资产，并将其综合起来统一征收不动产税。征收此类税的国家包括日本、印度、新加坡和巴西等国家。

三是仅将土地和房产合并起来征收房地产税，对其他固定资产则不征税。波兰、墨西哥、泰国等国家采用的就是这种税收形式。

四是不再将土地与房产合并统一征税，而是分开各自单项征税，如日本的土地保有税和澳大利亚的地价税等[8]。我国目前的房地产税收体系中，房产税、土地使用税就是采用这种分开征税的方式。

（二）国内研究现状

1. 我国房地产税制存在的问题研究

国内的学者们对我国房地产税收制度进行了大量的研究，从不同角度剖析了现行房地产税收制度的弊端和问题，认为集中表现在：税基偏窄，税目繁杂，计税依据不科学，重流转轻保有等几个方面。

1）税基偏窄

张崇涛认为目前我国房地产保有环节的房产税和城市房地产税（已取消）都没有将税基覆盖到个人自有自用的非营业性房产，长期缺少对个人住房占有环节的这部分税收收入[9]。王素昭也认同我国存在房地产税税基偏窄的现状，认为还应该将税基扩大到包括农村的一些应纳税对象，这样不但可以弥补国家税收收入的损失，增加国家宏观调控，而且有利于我国房地产市场的平稳有序发展[10]。

2）税目繁杂

国内学者通过仔细分析研究我国的房地产税收制度，发现众多税费之间存在着交叉重叠的现象，重复征税问题极为突出。韩晓琴等学者普遍认为房地产转让承受方既要缴纳契税（3%～5%），还要缴纳印花税；房地产租金收入需要交纳营业税（5%）和房产税（12%）；房地产转让所得收入，除了征收土地增值税外，同时还要征收企业和个人所得税[11]。这样为国家增加了不必要的重复征税工作，同时也加重了纳税人的税收负担，弊大于利，可见优化整合现有税收体系刻不容缓。

3）计税依据不科学

我国现行的房地产税收计税依据主要包括从价计征、从租计征和从量计征三种。常莉认为保有环节征收的房产税包括两种计税依据：按房产计税价值征税的从价计征和按房产租金收入计税的从租计征。但是按照房产原值扣除一定比例的从价计征，依据的是房产的历史成本，没有顾及房产后期的升值因素，并不反映房产的市场价值。然而按租金计税，出租房屋还要交纳营业税、土地使用税、所得税等其他税金，综合税负较高，大量偷漏税行为也应运而生[12]。谢群松认为城镇土地使用税实行从量课征，税源过窄，税额不能随课税对象价值的提高而有所增加，缺乏相应的弹性，这样在调节土地级差收入及控制土地闲置和土地投机方面无法发挥作用。而耕地占用税同样采用的是从量课征制度，因此不可避免地存在类似不合理缺陷[13]。

4）重流转轻保有

陈文梅认为现行房地产税虽然在税种设置上点多面全，覆盖房地产流转的全过程，但是在结构上却不尽合理，税收调控的重点主要集中在房地产的中上游环节（投资和销售转让环节），而房地产的下游环节（使用环节）只需缴纳土地使用税和房产税，税收负担较轻[14]。何泳仪也认为近几年人们关注的焦点大多在不动产保有税方面，我国房地产税收重流转轻保有现象非常严重[15]。

2. 房地产税收改革方案研究

不少学者针对我国何时开征房地产保有税，就如何优化房地产税制结构、构建完善的房地产税收体系提出了基本的改革思路。曹华分析了房地产财产保有环节收益分配体系的问题，提出了改革房产税和土地使用税的建议，并首次提出设置房地产增值税的设想[16]。邓宏乾等人在20世纪90年代对城镇土地使用税问题进行了分析，并提出了提高城镇土地使用税税率、扩大征收范围等建议。在最初的研究中，国内专家多通过借鉴国际经验的方法对我国的房地产税制改革提出具体的建议[17]。如邓宏乾的两篇文章分别介绍了美国、英国、法国、日本的房地产税制[18-19]。

在这一环节已经有学者提出具体的房地产税改革方案。张天犁提出了“三税合一”模式，即将城镇土地使用税、房产税和城镇房地产税纳入一部统一的法律之中，设置中国的《物业税法》[20]。湖北省武汉市地方税务局、武汉市国际税收研究会课题组提出，将房产税和土地使用税合并在财产税体系中统一设置房地产税，计税依据按照国际惯例规定为房地产的市场评估值，征收范围扩大到所有由国家和集体拥有并控制的房地不动产[21]。谢群松提出了“五税合一”的改革思路，即将现行的城镇土地使用税、房产税、城市房地产税、农业税及耕地占用税整合在一起，以实现内外统一、城乡统一、土地和建筑物统一的不动产占用税[22]。

2003 年 10 月中共中央十六届三中全会《关于完善市场经济体制若干问题的决定》，第一次明确提出："实施城镇建设税费改革，条件具备时对不动产开征统一规范的物业税，相应取消有关收费。"物业税进入更多学者和公众的视野。

国内关于房地产税制的改革方案，大致可以分为以下三种。

1）合并房地产保有环节的房地产税费

王海勇曾提出应当合并保有环节的房产税和城市房地产税，以土地和房产作为征税对象，开征统一的物业税，同时提出取消城镇土地使用税。况伟大认为中国真正意义上的物业税包括城市房地产税（针对外资企业，税率 1.2%）和房地产税（对内，税率 1%）[23]。

2）合并房地产开发、流转和保有环节的有关税费，但不涉及土地出让金

王玉翠从我国房地产税制的现状分析入手，借鉴国内外房地产税制的经验，对物业税进行分析，进而提出我国物业税制度改革的总体框架及其税种设计，并对物业税出台所必备的配套措施提出了自己的看法，即征收物业税不应该包括土地出让金部分[24]。黄志良也不建议将土地出让金包含在物业税的计税范围内，认为土地出让金应该继续由消费者在购房时一次性缴清，同时提出可以考虑按年限增加土地出让金金额，以此来化解新、旧购房者之间的矛盾[25]。

3）综合调整现有房地产税费及土地出让金

胡孝伦针对物业税与其他税费关系问题，特别是与土地出让金的关系，提出单位和个人以缴纳物业税（取得土地使用权环节）的形式同样可以取得土地使用权[26]。薛培红认为物业税改革的基本框架是将现行土地增值税、土地使用税、房产税、城市房地产税、土地出让金等税费合并，转化为房地产保有者每年缴纳的物业税[27]。通过对发达国家的物业税制度的比较分析，总结对我国的启示和借鉴意义，提出适合我国的物业税税制。

3. 房地产税收改革对房价的影响研究

从中央第一次提出征收物业税到 2011 年上海、重庆率先进行房产税试点，正好经历了中国房价上涨最快的一个阶段。因此，房地产税一进入公众视野便

被寄予为温度过高的中国房市降温的众望。学者们对于房地产税对房价的影响也做了实证研究。

1）*房地产税改革对房价影响不大*

很多学者认为影响房价的关键是供求关系，在住房需求十分旺盛而住房供给弹性很低的情况下，房价下降的幅度可能很小。吴晓宇通过数据说明，土地出让金一般占土地价格的 10%～30%，而土地价格一般占房地产价格的 20%～40%，则土地出让金占房地产价格的 2%～12%。因此，房产税开征后房价大跌的可能性不大[28]。岳树民认为，房地产开发环节税费的减少为形成合理的商品房价格提供了条件，并不一定会如数转化为商品房价格的下降[29]。韩凤芹也认为，房价取决于许多因素，不能说开征房地产税就会降低房价[30]。龚刚敏利用李嘉图等价定理，用数学方法研究拟开征物业税对房价与政府行为的影响，结果证明开征物业税对房价及政府行为没有实质的影响[31]。况伟大、马一鸣通过对 1996—2008 年全国 33 个大中城市住房市场数据的实证分析发现，物业税对房价影响为负，对房价上涨有一定的抑制作用；经济增长对房价影响显著，表明房价随经济增长具有上涨趋势，要加强对经济增长较快城市房价的调控；地理位置对房价变动影响显著，政府更应关注东部和中部城市房价的上涨[32]。

2）*房地产税改革可以大幅度降低房价*

王海勇从现代资产定价理论的角度出发，认为房地产征税会降低人们对房地产未来收益的预期，从而使现期房价下降[33]。金成晓等建立向量自回归模型和向量误差修正模型分析指出，保有环节的税收改革在短期内对房价产生负向冲击，使房价下降，并在长期内抑制投机性需求[34]。杜雪君、黄忠华、吴次芳采用 1998—2006 年我国 31 个省（自治区、直辖市）的面板数据分析房地产价格、地方公共支出与房地产税负之间的关系，认为房地产税负会对房价产生抑制作用，而地方公共支出对房价有明显的促进作用[35]。巴曙松、刘孝红、尹煜等人借鉴杜雪君等人的模型，对三种物业税改革方案对房价的影响做了实证分析，结果表明三种方案下物业税的开征均会引起房价的下跌[36]。一些学者认为，逐年增收的物业税是对当年的土地出让金或房地产开发环节的税费的一

种替代，将房地产销售价格中所包含的一次性税费和土地出让金分摊到未来70年中逐年征税，将极大地降低房地产的开发成本，从而降低房地产的销售价格。这种观点得到了大多数学者的支持与认同。

二、房地产泡沫研究现状

房地产泡沫是指房地产价格对其基本价值的双向连续偏离，并突破基本价值临近的区间，即房地产价格处于房地产基本价值临近区域之外，非高即低的一种对个人、社会及宏观经济运行等有比较严重影响的经济现象[37]。

经济史上最著名的泡沫事件分别是荷兰郁金香泡沫、法国密西西比泡沫和英国南海股票泡沫，这三大事件引起了经济学家的关注，最早见于苏格兰人查尔斯·马凯（Mackay）1841年的著作《惊人的幻觉和大众的疯狂》[38]。自此以后，经济学家对金融市场的泡沫进行了较多的研究。到20世纪80年代末，日本房地产泡沫破裂后，越来越多的学者开始关注房地产泡沫的研究，国内外学者对房地产泡沫的研究主要集中在以下三个方面：房地产泡沫成因研究、对已发生过房地产泡沫的房地产市场的研究和房地产泡沫治理研究。

（一）房地产泡沫成因研究

国内外学者将引起房地产泡沫及其崩溃的原因归纳为：国际资本流动、资本市场自由化、金融管制放松、扭曲的财政政策、不当的土地利用制度。

Bertrand分析了1985—1994年的全球房地产波动状况后得出上述结论[39]。K. Nakamura利用修正误差模型，分别选取了两种因素：一种是GDP、人均可支配收入、产业结构等经济基本面因素；另一种是价格预期、投机等因素。把房价看成是基本面因素决定的市场基础价格与投机因素决定的非基础价格的综合。研究结果认为基本面因素对房价的长期影响是显著的，而投机性因素是引起短期内房价波动的变量[40]。

国内学者也对房地产泡沫的成因做了类似的研究。沈悦、刘洪玉通过实证研究证明宏观经济数据可以解释房价的上涨，同时2000年以后投机和炒作在房价上升中也发挥着越来越重要的作用[41]。周京奎利用中国 4 个直辖市的数据，运用单整与协整检验方法及误差修正模型，对住宅价格与货币政策之间的互动关系进行了实证研究，结果表明住宅价格上涨与宽松的货币政策有紧密的联系[42]。陈淼峰、陈龙乾、杨忠直认为心理预期是造成我国房地产泡沫的一个重要原因[43-44]。另外，吴航、窦尔翔王岳龙、吴鹏认为我国城市土地的“招拍挂”制度及实行这一制度导致土地价格的飞速上涨也是造成房地产泡沫的重要原因[45][46]。

（二）对已发生过房地产泡沫的房地产市场的研究

房地产泡沫破裂给许多国家和地区的经济带来了毁灭性的影响。对已爆发过房地产泡沫的房地产市场进行研究，有助于对我国房地产市场泡沫做更深入的研究，同时在制定政策时可以借鉴这些国家在应对房地产泡沫时的经验和教训。日本是我国的近邻，与我国同处于东亚文化圈，日本的房地产泡沫破裂带给整个日本经济的影响已广为世人所知，但在日本房地产泡沫度很高时日本政府所采取的包括税收政策在内的一系列调控政策的失误，加剧了日本房地产泡沫破裂后对经济的负面影响，很多对房地产泡沫的研究多选取日本为对象，本书对各国房地产税制对房地产泡沫的抑制作用中也将重点分析日本政府的税制改革。Kim 利用计量方法建立了一个包含 GDP、股票价格指数和居民消费支出等在内的房地产基本价值模型，并据此模型研究了韩国和日本的房地产泡沫度[47]。野口悠纪雄对日本的地产泡沫及房地产周期的形成过程、原因、运行机理等方面做了深入、详细的研究[48]。Saito 通过比较分析给出了日本房地产泡沫破裂的原因，认为文化心理、日本货币政策的失误和日本房地产企业缺乏金融纪律是导致日本房地产泡沫的主要因素[49]。

1997 年爆发的东南亚金融危机让国人第一次强烈感受到经济危机对我国经济的冲击，香港地区首当其冲。由于房地产市场的非理性繁荣，再加上缺乏对金融机构的有效监管，东南亚各国房地产泡沫也破灭了，多数新兴经济体国家的经济陷入中等收入陷阱。在这场危机中泰国等遭受到惨重损失，新加坡政府在处理危机时的一些经验值得我们学习（这将会在后文中做详细分析）。Wong 以泰国房地产泡沫为背景构建了一个动态模型，展示了在经济过热、国际资本大量流入的情况下，房地产商对市场的过度乐观预期及居民预期之间相互作用产生的“群体行为”在房地产泡沫产生和膨胀过程中的作用机制[50]。

2008 年爆发的全球金融危机也导致很多国家房地产市场泡沫的破裂，2008 年以后国内对房地产泡沫的研究多集中在对这些国家的研究。如江时学对爱尔兰房地产泡沫的研究，韩骏对西班牙房地产泡沫的成因及后果的研究。两国均采用了宽松的货币政策，房地产市场均出现了非理性繁荣[51] [52]。

（三）房地产泡沫治理研究

关于房地产泡沫的治理，国内外学者的不同之处在于，国外的学者对政府干预房地产市场多持谨慎支持的态度，他们认为政府可以加强金融监管，合理控制货币政策，政府运用经济手段对房地产市场进行干预是必不可少的。Hirsch 对美国政府为改善城市住房质量和调控房价所采取的措施进行了分析[53]。理查德·阿诺特认为，对住房市场的研究有竞争性住房市场模型和非竞争性住房市场模型。对于竞争性住房市场，政府干预的住房政策是无效的。当不对称信息、搜寻理论和博弈行为被逐渐加入到住房市场模型中，非竞争性住房市场的模型得以建立，在这种市场中政府的干预才变得必要和有效[54]。因此他们认为政府应该承担有限的角色。市场是在政府控制之外的一种具有自身动态的生动和自然的现象。政府应该承担一些重要的义务以确保透明的资产市场的繁荣。

与国外学者持有的政府应较少参与市场调节不同，国内学者大多认为政府应该发挥其在宏观经济调控中的作用，给房地产市场降温，观点不同的原因跟各国的历史、制度及房地产市场发育情况不同有很大关系。李木祥认为应该从制度安排、监管和风险预警、中央政府与地方政府的利益博弈三个方面采取措施治理房地产泡沫[55]。吴德进、李国柱等认为应当从土地政策、货币政策和税收政策三个方面治理房地产泡沫[56]。李延喜则是从国家和地方政府两个层面分别提出了一些他们应当做到的措施[57]。焦雪霞、庚晋则提出：

开征物业税、推动“农地入市”、改革土地供应制度和加强金融监管是治理房地产泡沫的有效措施[58]。李莉结合德国和新加坡治理房地产市场的经验和日本房地产市场泡沫破灭的教训，对我国房地产治理提出了如下建议：不应再将房地产业作为国民经济的支柱性产业，应提供充足的保障房，实行分税制抑制投资[59]。昌忠泽也持相似的观点[60]。刘祖扬、杨雪分析了我国房地产市场的现状后，认为我国房地产市场存在泡沫，认为征收房地产税对房地产泡沫有一定的抑制作用[61]。

三、国内外研究述评

房地产税收作为地方税收的重要来源，既增加了地方政府稳定而有效的税收收入，同时也是政府调控房地产市场的重要政策工具。通过以上国内外研究现状分析，大致可以得出以下几个观点。

（一）国外房地产税收制度对我国具有一定的借鉴意义

西方发达国家在漫长的财产税发展过程中逐渐形成了较为成熟完善的房地产税收体系。由于基本国情、经济体制及经济发展目标等不同，各国房地产税收制度有所差别，但其中形成的一些共同特点和成功经验仍然值得我们借鉴与学习。

（二）我国房地产税制弊端有目共睹，改革势在必行

近年来，我国学者对房地产税收的研究越来越多，其中关于我国房地产税制中存在的问题及弊端已经基本达成共识。改革现行房地产税收，建立起符合中国经济社会实际状况的新的房地产税收制度，已成为当务之急，这也是本书研究的必要性所在。

（三）关于房地产税制改革方案众多，观点不一

国内关于房地产税制改革的研究，许多学者提出了自己的观点。不仅改革方案不同，就连税制要素的设计也各不相同，因此通过理论与现状分析，梳理我国现行房地产有关税种，提出可行的房地产税制优化方案也是本书的一项重要内容。

（四）缺乏房地产税对房地产市场影响的实证分析

我国学者对房地产税收的研究主要包括：我国房地产税收改革的必要性与可行性研究、房地产税制具体改革优化方案及改革后对房地产市场的调控作用等。但总体而言，现有研究多为理论分析、方案探讨和政策建议，缺乏对房地产税收具体影响的实证研究。因此，如何运用现有历史数据，结合适当的模型分析模拟房地产税的具体影响，不仅有助于认识我国房地产税的影响作用大小，也可为利用税收完善我国房地产市场调控体系提供参考经验。

（五）房地产税对抑制房地产泡沫的研究缺少定量分析

值得关注的是，国内学者都将房地产税作为对房地产泡沫进行有效抑制的一项工具，这些研究多是从定性方面进行分析的，但是房地产税对房地产泡沫的抑制作用是大是小，却很少有学者对此进行过定量研究。这将是本书研究的重点。

第三节 研究内容和方法

一、研究内容

本书共分为 7 章。每章的主要研究内容与各章之间的逻辑关系如下。

第一章：绪论。首先说明本书研究的背景，引出本书研究的目的及意义；其次综述了国内外相关研究现状，对国内外研究现状做了一个述评，介绍了房地产泡沫研究的基本内容；最后总结了本书的主要内容、研究方法。

第二章：相关理论综述。税收基础理论、税制优化理论、税收效应理论及税收负担理论，还有房地产泡沫及其度量，这奠定了我国土地公有制条件下进行房地产税制优化研究和房地产税改革对房地产泡沫抑制效果研究的理论基础。

第三章：我国房地产税制存在的问题及发达国家的经验借鉴。梳理我国现行的房地产税收制度，从中发现存在的漏洞及问题，继而比较、分析国外成熟市场经济国家的成功经验，分析不同税制的特点和适用条件，为我国的房地产税制优化设计提供借鉴。

第四章：房地产税对房地产泡沫的抑制机理研究。首先从理论上分析房地产税改革对房地产泡沫的抑制效果，介绍房地产税收制度及各国如何利用房地产税。选取新加坡、日本介绍发达国家利用房地产税对房地产泡沫抑制的经验和教训。之后介绍我国房地产税制优化的基础，最后分析了税收政策对房价的传导机制。

第五章：房地产税制改革方案设计及选择。提出房地产税制改革的三种不同方案。建立房地产税对房地产泡沫抑制效果的模型，通过定量分析各个方案对房地产实际价格影响的大小，以及各方案对房地产泡沫的影响大小，来度量各改革方案对房地产泡沫的抑制效果大小。通过不同房地产税制改革方案对房地产泡沫抑制效果进行的评价，选择房地产税制改革宜采用的方案。

第六章：房地产税制优化的税收效应分析。首先是房地产税制优化后对主要利益相关方的利益分析；其次是对房价的影响分析；最后采用系统动力学模型，模拟了方案三实施后我国房价的变化状况，以分析税收效应。

第七章：结论与建议。对全书的研究作简要回顾，概括主要结论，明确存在的问题。为调整我国房地产税收结构、实施房地产税费改革提出政策建议，从而为建立一个科学有效、公平稳定的房地产税收体系，实现房地产业健康稳定发展做出一些积极的探索研究。

二、研究方法

（一）比较分析法

一是采用横向比较分析法，分析发达国家及我国房地产税实施情况，对比我国现有房地产税制现状，为我国房地产税制改革提供借鉴；二是采用纵向比较分析，对我国现有房地产税制现状进行分析，揭示我国现行房地产税收制度存在的缺陷，对比我国房地产税制改革后的状况，证实其改革的必要性。

（二）理论联系实际的方法

通过大量资料整理与分析，明确房地产税制优化的基本理论。结合国内外房地产税的发展情况和我国房地产税制的现状，提出符合我国当前实际的房地产税制设计方案。

（三）定量分析与定性分析相结合

在房地产税对我国房地产市场各利益相关方及房价影响机理的定性分析的基础上，运用系统动力学模型对我国房地产税的经济效应进行量化分析。

（四）现实数据分析与模拟测算相结合

运用现实数据分析与系统动力学仿真模拟相结合的方法，研究房地产税制改革对房价的影响效应。

（五）文献研究法

参考大量关于房地产泡沫、房地产泡沫度量及治理的理论，并查阅我国房地产税改革的相关文献。在阅读文献的基础上，才能对房地产泡沫、泡沫的度量和治理有深入的理解，从而对我国房地产市场的泡沫度进行合理的度量，进而分析房地产税改革对我国房地产市场泡沫的抑制作用。

（六）案例研究法

我国房地产的市场化只有二十多年，房地产市场在各个方面仍然不成熟，因此有必要借鉴发达市场经济国家对房地产泡沫治理上的经验和教训，为我国房地产市场的进一步完善提供合理的建议。

（七）规范与实证相结合的方法

用实证的分析方法对我国房地产泡沫进行度量，并用计量经济学的方法对我国房地产税制改革的几种代表性方案对房地产泡沫的抑制效果进行评价，从而为房地产税制改革提供更加科学合理的建议。用规范的方法分析各国在房地产泡沫治理上的经验和教训，以及我国在房地产税改革上面临的困难和挑战，提出相应的对策。

第二章

相关理论综述

第一节　税收基础理论

一、税收内涵

税收是国家为了满足社会公共需要，凭借政治权力，运用法律手段，按照事先约定的标准，强制、无偿地参与国民收入分配以取得财政收入的一种方式和重要的宏观调控工具。

具体来说，税收内涵包括以下几方面的内容。

（一）征税主体是国家

税收是以国家为主体，凭借其政治权力进行的特定的政府分配行为。在征税过程中，征收者是国家和政府，缴纳者是纳税人，即经济组织、单位和个人。政府征税是为了履行提供公共产品和服务的职责，经济组织、单位和个人享用了政府提供的公共产品和服务并得到满足，因此，有义务及时足额地缴纳税款。在征纳双方的关系中，政府处于主动地位，纳税人则处于相对被动的地位。

（二）国家征税凭借的是其政治权力

政府既是政权组织者，又是社会管理者，它可以凭借政府行政权力通过立法程序来规范征纳双方应履行的权利和义务，并以此取得税收收入。通常，政府同时还具有另外一种身份，即代表国有资产的所有者来取得相应的收益。但严格来说，政府凭借国有资产所有权所取得的收益与凭借政治权力所取得的税收收入，其性质是不同的。

（三）征税目的是为了满足社会公共需要

一般来说，税收是为了满足政府履行其经济和社会管理职能的需要而征收的。在市场经济条件下，税收表现为政府作为公共产品和服务的供给者而向需求者（即社会公共及组织）开出的“价格”。在市场失灵的条件下，政府为弥补市场缺陷，必须提供一些公共产品和服务，而税收则是政府提供这些公共产品和服务的收入保证。因此可以说，国家征税的最终目的是为了满足社会公共需要。

（四）税收体现特定的分配关系

由于税收将原本属于纳税人的一部分国民收入转归政府所有和支配，因而它体现了国民收入的一种再分配关系。税收属于分配范畴，但税收同工资、地租、利润、利息等一般意义上的分配不一样，它是国家凭借社会公共权力进行的，是超经济的分配，这是由国家的非生产性质决定的。同时，政府为了更好地实现社会公平，也会有意识地利用税收来调整国民收入在不同社会成员之间的分配状况。

（五）税收是国家取得财政收入的最主要来源

税收不仅是政府取得财政收入的主要方式，而且是最好的方式。运用税收来筹集财政收入具有其他财政收入形式不可比拟的稳定而又可靠的优点。现代社会的政府可以通过举债和发行纸币来取得财政收入。然而，政府举债终究是要还本付息的，还本付息的压力制约着政府债务收入的规模；政府也可以通过发行纸币来增加财政收入，这意味着社会产品的所有权无偿地由纳税人手中转移到政府手中，这既不需政府付出任何代价，增加偿债负担，又不会引起通货膨胀和经济不稳定。随着经济的发展，税收总是保持稳定增长，因而可为政府支出提供充足的经费来源。

（六）税收是国家干预和调控经济的重要杠杆

在现代市场经济中，税收不仅是政府取得财政收入的主要方式，而且还是政府干预和调控经济的重要杠杆。市场机制并不是完美无缺和无所不包的，市场机制在资源合理配置、收入公平分配和经济稳定增长等方面还存在种种缺陷，因而，客观上需要政府借助于税收这一重要经济杠杆来弥补市场机制的缺陷。譬如，运用税收手段来筹集政府提供公共产品和服务所需要的资金，并间接地引导非政府部门的资源配置，促进产业结构的合理化；运用税收来调节经济组织和国民个人之间收入和财富分配的差距，以实现公平分配的社会目标；运用税收来调节社会总供给和总需求，以促进经济稳定增长[62]。

二、税收职能

税收的职能是税收所具有的满足公共需要的能力。它以税收的内在功能为基础，以公共需要为转移，是税收内在功能与公共需要的有机统一。

（一）税收的财政职能

税收的财政职能是指税收为了实现国家的职能，参与社会产品分配从而筹集财政收入的功能，这是税收最基本的职能，也是税收存在的最基本的依据。在现代市场经济条件下，税收承担着政府弥补市场缺陷的功能，向社会成员提供公共产品，掌控一定社会资源的职能。如果政府不能有效地组织收入，就谈不上安排支出，也谈不上调节分配和调控经济。如前所述，政府聚财有各种手段，而其中税收是政府取得公共收入的最有效、最主要的形式。

（二）税收的社会职能

税收的社会职能，也称税收的公平分配职能，是指在税收的征收和税收资金的使用过程中，消除和减轻由于市场分配造成的社会成员之间的超出合理分配差距的收入分配，完成政府既定的公平收入分配的目标。也就是说，政府利用税收手段实现收入再分配，来调节收入差距、促进社会公正、改善社会福利、维护社会稳定的职能。

（三）税收的经济职能

税收的经济职能是指政府在组织税收收入的过程中，通过设计特定的税收制度和实施特定的税收政策，来对宏观经济运行起反作用，以促进宏观经济持续稳定地增长。这可以通过分析税收乘数原理来加深对税收调控经济职能的认识，进而把握税收自动稳定器和相机抉择的税收政策这两个税收调控经济的机制。

以上三项职能，从税收的产生看，财政职能是原生的，其他两项职能是派生的。但三者又是相辅相成、密不可分的。因为无论是对收入分配的调节，还是对经济活动的调控，都与如何运用税收手段相关，即征或不征、多征或少征。而运用税收手段，也往往不是单纯地为收而收，它总是包含着对收入分配的调节或对经济的调控[63]。

三、税收原则

（一）税收的财政原则

税收的财政原则是以满足国家财政需要为目标的税制准则，是税收最根本的原则。税收财政原则随着国家的出现而产生，各种税收制度的目的就是要获得满足国家支出需要的财政收入，税收是国家财政收入的主要来源。税收财政原则的内容包括收入充裕、收入弹性和收入适度三个方面。

1. 收入充裕

收入充裕指税收收入必须充足、稳定、可靠，以满足财政支出的需要。这就要求设计税制体系时要着眼于广开税源，选择合理的税制结构模式；选择税种应考虑课税对象能否提供丰裕的税源，特别是在确定税制中的主体税种时，应结合本国经济、人民收入水平及征税难易程度等情况，合理确定符合本国实际的主体税种；调整税目、税率和制定减免税政策时，应充分考虑其对财政收入的影响。

2. 收入弹性

收入弹性是指税收收入必须具有随国家财政需要变化而伸缩的可能性。税收收入弹性的政策运用价值在于税收具有稳定经济的功能，即所谓“自动稳定器”功能。根据税收自动稳定机制，当经济高涨，个人收入和企业利润水平上升时，税收相应增加。税收的增加会抑制个人取得收入及企业取得利润的积极性，从而熨平经济。税收对经济的自动反映和调节能力的大小取决于税收收入弹性系数的大小。

3. 收入适度

收入适度指税收收入在满足国家财政需要的同时，必须兼顾经济的承受能力，做到取之有度。国家财政需要往往是无限的，而在一定时期内，社会产品或国民收入的增长是有限的，这就要求在设计税制、制定税收政策时，兼顾需要与可能，不能超越客观的限度。这个客观限度，从总量上说，就是税收占国民收入或国民生产总值的一定比例。由于各国社会制度和经济发展水平不同，在通常情况下，税收保持与国民收入或国民生产总值的同步增长，大体是符合收入适度这一要求的。税收收入要取之有度，税率不能过高。正如著名的“拉弗曲线”，税率提高，税收收入会随之增加，当税率的增加超过了某一限度，提高税率反而会导致税收收入的下降。

（二）税收的公平原则

公平是税收的基本原则。税收的公平原则是就收入分配而言的，也就是政府征税要使各个纳税人承受的负担与其经济状况相适应，并使各个纳税人之间的负担水平保持均衡。具体包括税收的普遍原则和平等原则。

1. 普遍原则

除特殊情况外，税收应由本国全体公民共同负担，在纳税问题上，不允许任何阶级、阶层，任何经济成分，任何个人或法人享有免税特权。当然，基于某种经济和社会原因或依据国际惯例，应予以免税的除外。

2. 平等原则

平等原则是指税收负担要公平合理地分配于社会各成员身上。现代社会的公平原则主要指平等原则，该原则具体体现在如下两个方面。

1）税收负担的横向公平

税收负担的横向公平指纳税条件（或纳税能力）相同的人应当缴纳等量税额，它反映了人与人之间最基本的平等权利，是人们追求的理想目标。所以，国家在设计税收制度的过程中，应当把横向公平置于重要位置。

2）税收负担的纵向公平

税收负担的纵向公平又称垂直公平，指纳税条件（或纳税能力）不同的人应当缴纳不同的税额。富裕阶层收入较多，纳税能力较强，自然应承受较重的税收负担；贫困阶层收入低，纳税能力弱，当然应承担较轻的税负，甚至不纳税。

（三）税收的效率原则

效率问题是国民经济的基本问题，也是税收的基本问题。税收的效率原则，是指税制的建立应有利于促进宏观和微观经济效益的提高，有利于税收行政管理效率的提高。对税收的效率理解包括两个方面：一是税收对资源配置效率的影响，即税收的经济效率；二是税收征收的效率，即税收的行政效率。

1. 税收的经济效率

税收的经济效率是指征税对经济运行效率的影响，宗旨是征税必须有利于促进经济效率的提高，也就是有效地发挥税收的经济调节功能。税收作为一种重要的再分配工具，可以在促进资源配置合理、刺激经济增长等方面发挥重要作用，但也可能扭曲资源配置格局，阻碍经济发展。税收效率体现在它对经济运行的影响和干预上。从一定意义上说，税收的效率原则就是要求国家征税给经济造成的额外负担最小化、额外收益最大化，从而最大限度地促进经济效益的提高。

2. 税收的行政效率

税收的行政效率即税收本身的效率，是指国家应以最小的税务成本获得既定的税收收入，包括税收征税成本和纳税成本两个方面。征税成本是指税务部门为履行职责，在征税过程中所发生的各种费用，比如人员工作福利、设备购置和日常办公所需的费用等。这些费用所占税收收入的比重即为征税效率。纳税成本是指纳税人为履行纳税义务，依法纳税所发生的费用，比如纳税人用于申报纳税所花费的时间和交通费用，纳税人雇佣会计师、税务顾问所花费的费用等。提高税收的行政效率，一方面需要采用现代化的征管手段，减少不必要的人力、物力和财力上的消耗和占用，从技术上和工作作风上提高工作效率，节约征管费用；另一方面需要简化税制，使纳税人易于理解和掌握，并在税务机构设置和纳税方法上给纳税人以便利，从而降低纳税费用[64]。

第二节　税制优化理论

一、税制优化的内涵

税制优化就是指通过改革使现实的税制逐步逼近于一种税制最优的状态，而最优税制则被认为是在信息和行政管理能力的约束条件下，能产生最大社会（经济）福利的税制，是一种充分权衡社会效率与公平，将不公平和经济扭曲造成的损失降到最低的税制。广义的税制优化主要包括税制正式规则的优化、税制非正式规则的优化、税制实施机制（指税收征管机制）的优化。而税制正式规则的优化又具体包括税制结构优化、税负水平优化，即确定能持续促进经济均衡发展的税制结构与合理适度的税收负担水平[65]。

按照税制优化理论的产生发展顺序、理论内容和政策主张，西方税制优化理论可以划分为三大流派：主流学派、供给学派和公共选择学派。这三大流派不仅在理论上，而且在实践上都对税制的优化产生了直接影响。其中最为著名的是供给学派的税收理论，它直接构成了 20 世纪 80 年代西方税制改革的理论基础。

二、供给学派的最优税制理论

供给学派是 20 世纪 70 年代在政策实践中产生并发展起来的新自由主义理论之一。它作为传统凯恩斯主义需求理论的对立面，主张实行供给管理政策，认为税制优化应该从供给方面着手，通过减税刺激投资、储蓄和工作的积极性，带动就业和经济增长，同时辅以相应的支出政策与“稳定、适度和可测”的货币政策，消除失业和通胀并存的局面，实现经济的长期繁荣。供给学派的主要代表人物有阿瑟·拉弗（Arthur B. Laffer）、罗伯特·蒙德尔（Robert Mundell）、保罗·罗伯茨（Paul Roberts）、诺曼·图尔（Norman Ture）等。

供给学派的税制优化理论主要集中在要素结构的税率设计上。供应学派认为供给是国民经济发展的主要方面，降低税负可以有效地调节供给，从而带动经济发展。在如何优化税负方面，供给学派给出了著名的拉弗曲线，即通过税基、税率与税收相互关系的研究，揭示税负的临界点（即最佳税率），在这点上可以兼顾税收收入与经济增长，而改革的任务就是要找到这一最佳税率点。20世纪80年代西方各国正是运用这一理论取得了税制改革的良好效果。

三、最适课税理论

“最适课税论就是以资源配置的效率性和收入分配的公平性为准则，对构建经济合理的税制结构进行分析的学说。”[66]公平与效率原则是税收的基本原则，同时也是税制设计中应遵循的基本原则，然而在选择课税方式时，二者之间往往会存在矛盾和冲突。最适课税理论就是强调在税制设计中协调公平与效率，使它们在相互约束中彼此促进，发挥更大的作用。

最适课税论研究的是政府在信息不对称（即政府对纳税人的纳税能力、偏好结构等信息不完全了解）且征管能力有限的前提下，如何征税才能既满足效率原则的要求，又符合公平原则的要求。该理论把公平目标和效率目标纳入到一个福利函数中综合考虑，试图设计出最优的公平–效率组合的税制结构。

第三节　税收效应理论

税收效应就是在国家征税的背景下，纳税人对此在其自身经济选择或经济行为方面所做出的反应，或者说是国家税收对纳税人在经济选择或经济行为方面的影响。税收效应理论可以分为正效应与负效应、中性效应与非中性效应、激励效应与阻碍效应、收入效应与替代效应等理论。本书关于房地产税的税收效应主要从税收的正负效应、非中性效应、阻碍效应及替代效应四个方面进行分析。

一、税收的正负效应

任何一种税收的开征必然会对其纳税人产生某种影响，使纳税人本身或其活动行为对此做出某种反应。如果纳税人做出的反应或产生的效果与税收最初开征时所设立的目标相一致，控制在合理目标范围之内，这种税收效应就是正效应；反之，如果课税实际产生的经济效果没有达到预期目标，或者违背政府的课税目的，那么这种税收效应就是负效应。

政府试图通过征税的方式实现一定的预期目的，需要经常对税收的正负效应进行分析，并根据产生负效应的原因及时修正税则，以使课税产生的效果与其初衷保持一致。房地产税制的优化，需要建立在现有房地产税收的正负效应分析基础之上，重新梳理设计更加合理可行的税收，以实现最初征税所要达到的目的。

二、税收的非中性效应

税收的非中性效应与中性效应是相对而言的。中性效应是指政府课税产生的中性影响，具体理解为不影响市场经济运行，不改变个人对商品、投资与储蓄等的抉择，不改变个人对工作与休闲的抉择。我们把能够产生这种中性效应的税收称为中性税。然而在现代社会中，每种税收的诞生都是为了实现自身的价值，绝对意义上的中性税是不可能存在的。

与中性效应相对应的就是非中性效应，非中性效应是指政府课税发挥了应有的作用，影响了经济运行机制，改变了个人对消费品、劳动、投资与储蓄等的抉择，进而影响到公共抉择、资源配置和收入分配等。政府课税正是希望通过税收调控市场运行，发挥税收职能，实现预期目标，因此现代社会的税收产生的都是非中性效应，均属于非中性税。本书所研究的房地产税也不例外。

三、税收的阻碍效应

税收的阻碍效应是与激励效应相对应的。激励效应是指某种税收的征收对纳税人的行为活动能够产生积极的作用，正面影响其继续从事该项活动；相对而言，阻碍效应就是指税收对纳税人的行为活动产生消极的影响，使其不愿甚至逃避某项活动。然而税收究竟能够产生何种效应，最终取决于纳税人对该项活动的需求弹性。如果需求弹性很小，政府课税也会相对较少，这样会对纳税人工作产生正面影响，工作越努力，赚取的收入也会越多；但如果需求弹性较大，则政府课税会减少纳税人的税后所得，努力工作所得的收入用来纳税，会对其努力工作产生消极影响。

由以上税收效应理论可知，房地产税收对纳税人的投资和购房行为产生的效应主要是阻碍效应，但具体影响程度取决于纳税人对房产品的需求弹性。当需求弹性小，或者呈现刚性需求时，税收主要表现为激励效应，此时的阻碍效应不是很明显；但是当需求弹性增大时，税收效应则明显表现为阻碍效应。

四、税收的替代效应

税收的替代效应是指当某种税的征收影响产品相对价格或相对效益时，纳税人会选择某种消费或活动来代替另一种消费或活动。例如，提高累进税率时，纳税人努力工作所得的边际效益变少，这种情况下纳税人宁愿选择休息来代替部分工作时间；又如某种商品的价格由于征税而增加，无疑人们会选择消费那些无税或轻税的商品作为替代。税收的这种替代效应一般会影响纳税人对消费或活动的自由选择，进而对市场经济的发展及税收目标的实现产生影响[67]。

我国房地产领域实际存在着费用对税收的替代效应，由于地方财政收支不平，地方政府则通过巧立各种名目的收费来弥补税收的不足，因此出现了目前这种费多税少的现象。但是房地产税费关系理论告诉我们，相比国债与收费，税收是政府财政收入最为规范的获取方式。房地产税收优化正是为了强化税收对地方财政的贡献，从而产生税收对费用的替代效应，约束地方政府不正常的收费行为，降低房地产开发企业总体税费负担。

第四节　税收负担理论

一、税收负担的内涵与意义

税收负担是指国家征税导致纳税人直接经济利益的减少，从而使其所承受的经济负担。它反映一定时期内社会产品在国家与纳税人之间税收分配的数量关系，通常用税收负担率这一相对量来表示。

税收负担是处理国家、集体、个人三者利益分配关系的尺度，是全局利益和局部利益矛盾的焦点。税收负担合理，有利于促进经济稳定发展；反之，会扰乱正常的社会经济秩序，引起经济停滞。具体来说，税收负担直接关系到国家与纳税人及各纳税人之间的分配关系。国家向纳税人征税，不仅改变了纳税人占有和支配社会产品的总量，而且也会改变纳税人之间占有和支配社会产品的比例，并由此形成国家同纳税人及纳税人与纳税人之间的税收分配关系，它是社会产品分配关系的重要组成部分。税收负担关系到国民经济持续、快速、协调发展的问题。因为税收最终总是由纳税人来承担的，即如果税收负担超越了经济的承受能力，就会损害国民经济的健康发展。税收负担问题是税收的核心问题，因而也是建立税收制度要解决的首要问题[67]。

二、税负水平与税负结构

（一）税负水平

税收负担问题一般包括两个方面的内容：一是税收负担水平（税负水平）是否适度；二是在既定的税收负担水平下，税收负担结构（税负结构）是否合理，即各类纳税人之间的税收负担水平是否公平。

衡量税制合理与否的重要标准，主要在于总体税负水平是否合理。合理税收负担水平的判断标准是税收负担率，即纳税人或征税对象的实纳税额同课税对象数量的比例，是衡量纳税人税负轻重的基本标志。税收负担率与税率既有联系又有区别。在其他因素不变的情况下，税率的高低直接决定税收负担率的轻重。现代税收理论中，供给学派著名学者拉弗通过拉弗曲线来说明税率与税收收入量的关系，进而分析税收与生产的关系。如图 2-1 所示，以纵轴代表税率，横轴代表由税率与生产共同决定的税收收入。当税率为 0 时，政府的税收收入为 0；当税率为 100%时，由于人们将停止生产，政府的税收收入也为 0。那么，政府的活动怎样才算合适，或税率应确定在哪一点最恰当呢？*A* 点代表一个很高的税率和很低的产出，*B* 点代表一个很低的税率和很高的产出，但两者都为政府提供同等的税收。若政府将税率从 *A* 点降到 *C* 点，产出和税收均增加；若政府将税率从 *B* 点提高到 *D* 点，税收将增加，但产出可能减少；*C* 点与

D 点也提供同等的税收。*E* 点代表的税率是与生产相结合的能提供最大税收的税率，只有在 *E* 点上，政府的税收和产出都达到最大。在 *E* 点上，如果政府再降低税率，产出将增加，但税收将下降；如果提高税率，产出和税收都会下降。因此，对政府来说，图中的阴影区是税率禁区。

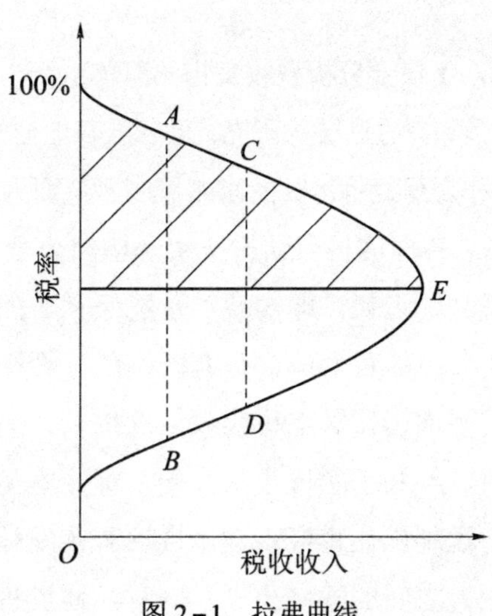

图 2-1　拉弗曲线

“拉弗曲线”形象地说明了税率与经济增长和税收收入的一般关系，对于我国合理确定税率具有很大的参考价值。

（1）税率高不一定代表收入高，而高收入也不一定实现高税率，因为高税率可能会打击生产者的积极性，从而导致生产降低。

（2）相同税收收入不一定采取相同的税率，*A* 点和 *C* 点是高税率，*B* 点和 *D* 点是低税率，但 *A* 点和 *B* 点、*C* 点和 *D* 点却取得相等的税收收入，这说明适度降低税率可能会减少当前的税收收入，但从长远来看却可以刺激生产，扩大税基，从而增加政府的税收收入。

（3）实践中的税制设计应当寻找理论上的 *E* 点，即兼顾税收收入及经济增长的最佳税率点。

通过“拉弗曲线”，能更加全面、直观地了解到税收与经济的内在联系，同时也认识到最佳税率应是既能使政府获得实现其职能的预期收入，又能使经济实现预期产出的税率。但究竟应当实行什么样的税收负担政策，适度税负的最佳区间又将如何确定，答案却是因国而异的，各国通用的最佳税率是不存在的。税负水平高低在很大程度上只有相对意义，各国政府应当根据本国国情做出自己的最佳选择。

（二）税负结构

研究税收负担问题，不仅要分析税收负担的总体水平，还必须进行结构分析，即研究税收负担的具体分布，通过结构研究，可以准确地分析税收负担的分配情况及税收对社会经济发展和宏观经济运行的影响程度，从而为完善税制提供依据。

依据税收公平原则，合理的税负结构在实现横向公平、普遍征收的基础上，还应该具有维护纵向公平的责任，即实现“量能负担”的目标。从这个意义上分析，不同收入阶层所负担的税负应该是有区别的。否则，一方面导致高收入阶层税源与税收收入的不均衡，影响税收收入的增长；另一方面，低收入阶层却承担不合理的高税负，不利于实现收入分配目标，容易引起一系列经济、社会问题。因此，房地产税制优化也应该遵循推动和实现社会公平的原则，税负结构应该能够体现纳税人之间的横向公平。同时，通过税率的差异性设计，如累进税率，让不同的纳税人承担与其收益相对称的税负，实现“纵向公平”。特别是对房地产投资投机者，可以减少其投资投机行为，降低房地产市场中的非居住型需求，优化房地产市场。

三、税负转嫁与税负归宿

税负转嫁是指纳税人通过提高销售价格或压低购进价格的方法，将税负转移给购买者或供应者的一种经济现象。其含义如下。

第一，纳税人是唯一的税负转嫁主体，税负转嫁是纳税人作为主体为实现自身利益最大化的一种主动的有意识行为。

第二，价格变动是税负转嫁的基本途径。国家征税后，纳税人或提高商品、要素的供给价格，或压低商品、要素的购买价格，或二者并用，借以转嫁税负，除此之外，别无他法。

第三，税负转嫁是经济利益的再分配，纳税人与赋税人一定程度的分离是税负转嫁的必然结果。

税负归宿是指处于转嫁中的税负最终落脚点，它表明转嫁的税负最后是由谁来承担的。税负转嫁导致税负运动。税负归宿的状况是由税负转嫁状况决定的，税负归宿是税负转嫁的结果。税负的实际承担者就是税负人。

税负转嫁是纳税人通过提高价格来实现的，而在市场竞争中，价格能否变动，主要取决于市场供求状况，因此，价格变动对税负转嫁的影响最终取决于商品供求弹性。

一般来说，在其他条件相同的情况下，需求弹性越大，税负越难转嫁出去；反之，需求弹性越小，税负越容易转嫁出去，即需求弹性的大小与税负转嫁的难易程度成反向关系。具体来说，需求弹性大，说明当某种商品因征税而提高价格时，购买者就会不买或少买，从而迫使商品价格回落或阻止价格提高，此时，卖方就难以向其转嫁税负；而需求弹性小，说明某种商品因征税而提高价格时，购买者没有选择余地，价格提高阻力小，从而卖方就容易向其转嫁税负。

供给弹性则相反，供给弹性越大，税负越容易转嫁出去；反之，供给弹性越小，税负越难转嫁出去，即供给弹性的大小与税负转嫁的难易程度成正向关系。供给弹性越大，说明某种商品增加税负时，卖方会因为利润减少而削减供给数量。由于供给减少，价格势必上涨，税负容易转嫁。供给弹性小，说明虽然税负增加，但因受生产条件等限制，削减供给数量困难，此时，只要卖方有利可图，就会继续供给，从而难以提高价格，税负转嫁也就困难[63]。

第五节　房地产泡沫及其度量

一、房地产泡沫

《新帕尔格雷夫经济学大辞典》中引用金德尔伯格的话，将泡沫经济定义为：“泡沫状态不太严格地说，是一种或一系列资产在一个连续过程中陡然涨价，开始的价格上升会使人们产生还要涨价的预期，于是又吸引了新的买主——这些人一般只是想通过买卖牟取利润，而对这些资产本身的使用和产生盈利的能力是不感兴趣的。随着涨价预期的逆转，接着常常就是价格的暴跌，最后以金融危机告终。通常‘繁荣’的时间要比泡沫状态长些，价格、生产和利润的上升也比较温和一些。以后也许接着就是以暴跌（或恐慌）形式出现的危机，或者以繁荣的逐渐消退告终而不发生危机[68]。”

徐滇庆认为，要理解房地产泡沫，则需要区分泡沫经济和经济泡沫的含义。经济泡沫是指在经济发展过程中经常出现的不均衡现象，具体表征就是上下起伏的经济周期，受市场机制的作用最终会回到均衡状态；而泡沫经济专指由于投机行为过多而导致的市场价格大起大落的现象，是一种典型的市场失灵，市场机制对泡沫经济完全无能为力，不存在均衡点[69]。

因此，房地产泡沫一般是指由于投机等因素，导致房地产的价格在一个连续的过程中急剧上涨，初始的价格上涨使人们产生价格上涨的预期，大量的新买家进入市场，随着价格的上涨和投机资本的持续增加，导致房地产泡沫。

从表现形式上来说，则可以将房地产泡沫定义为：房地产价格对其基本价值的双向连续偏离，并突破基本价值临近的区间，即房地产价格处于房地产基本价值临近区域之外，非高即低的一种对个人、社会及宏观经济运行等有比较严重影响的经济现象。

本书借鉴 Abraham 和 Hendershott[70]把房价分成两个部分：一部分是由经济基本面因素决定的基本价格；另一部分是由非经济因素如投机等，决定的非基本价格。非基本价格当房地产价格偏离基本因素时存在，是房地产的市场价格与其基本价格之间的偏差，称为价格泡沫。

$$P_t = P_t^{m} + B_t \tag{2-1}$$

式中：P_t^{m}——能用经济基本面解释的第 t 期房地产基本价格；

B_t——第 t 期房地产泡沫。

二、房地产泡沫成因及其治理

（一）房地产泡沫成因

1. 房地产的虚拟资产特性

房地产既是实物资产又是虚拟资产，具有虚拟资产的特性。在传统的经济

理论中，房地产一直被认为是一种最重要的实物资产，土地和建筑其上的房屋不但是最真实的物质财富形式，而且是创造和生产其他财富的重要来源。从实物资产的角度分析，房地产的价格决定机制主要取决于与房地产建造相关的建筑成本。

房地产作为虚拟资产，其根本原因在于房地产是一种非常合适的投资品。房地产由于其建造周期长，且作为其承载物的土地是一种稀缺资源，因此房地产的供给弹性较低，即使房地产的需求在短期内发生很大的变化，房地产的供给也难以快速调整。这就意味着，房地产价格变动更多的是由需求决定的，这就为房地产价格的持续上涨提供了可能。同时房地产还具有耐久性，其价值一般不会随着时间的变化而贬值；相反，多数房地产由于需求相对于供给的增长而出现增值，因此，房地产会吸引越来越多的投资者进行投资。由于房地产供给缺乏弹性，且极具投资价值，随着城市化的推进，房地产需求快速增加，房地产市场均衡被打破，由于房地产供给缺乏弹性，且极具投资价值，随着城市化的推进，房地产需求快速增加，打破了房地产市场均衡，房地产价格快速上涨，从而刺激更多的需求进入房地产市场。

房地产作为虚拟资产，其定价方式符合资本化的定价方式，其核心关系即资产的成本相对于价格可以忽略不计，即其价格已经远远脱离其成本，人们主要依据资产的预期收益与利率之比来确定其价格。用公式表示如下：

$$资产价格 = 资产的预期收益/利率 \tag{2-2}$$

从式（2-2）中可以看出，资产价格的高低取决于资产的预期收益和利率两个因素。一方面，利率不变时，资产价格与人们对资产的预期收益成正比——预期收益乐观则资产价格升高，预期收益悲观则资产价格下跌。另一方面，利率虽然由国家宏观调控决定，具有相对稳定性，但是其变动也存在于人们的预期之中。

在健全的市场环境下，房地产的价格不至于严重偏离其基本价格（即由经济基本面决定的均衡价格）；但是，在信息不对称的情况下，人们无法准确评估房地产的未来收益，因此，造成房地产价格总是偏离其基本价格。

正是由于房地产的虚拟资产特性，造成其实际价格不仅取决于经济基本面决定的基本价格，也取决于人们对房地产的预期收益。当经济持续快速增长时，如我国过去连续 30 年经济的快速增长，在 2003 年到 2012 年十年间人们对未来经济普遍持有乐观预期，因此，对房地产投资持续增加，房地产价格一路攀升，房地产价格的攀升反过来推动更多的投资、投机需求进入房地产市场，导致房地产实际价格持续上升，最终产生泡沫，因此，房地产的虚拟资产特性是产生房地产泡沫的重要原因。

2. 房地产市场非理性预期

房地产具有虚拟资产特性，其价格不仅与经济基本面决定的基本价格相关，还与资产的预期收益有关，由于未来的不确定性，交易者会基于自己所掌握的信息与处理信息的能力对未来做出预期。因此，房地产的非基本价格取决于人们对未来价格的预期。预期可以分为非理性预期和理性预期，由于市场信息不完全，交易者无法做到完全理性，因此，现实的市场参与者是有限理性的，所做出的决策也多是基于非理性预期。常见的非理性预期假设有简单预期、外推预期和适应性预期。

房地产市场的参与者分为两类：采用理性交易策略的交易者（理性程度较高）和采用噪声交易策略的交易者（理性程度较低）。从长期来看，市场交易的过程是交易者不断学习修正自己理性的过程，因此，整个市场的理性程度会不断提高。但从短期来看，采用噪声交易策略的交易者其预期模式可以用自我实现的预期效应来解释。Azariadis 1981 年提出房地产市场自我实现效应，即随着资产的预期未来价格的上升，真实价格真的会上升，反之亦然。在房地产市场中，基于某种原因交易者预期下一期的价格将会上升，结果发现市场在本期即证实了自己价格上升的预期，于是他们就可能会在下一期进一步产生再下一期的价格继续上升的预期，这种预期也就会再次导致市场价格在该期内上升。以此类推，市场价格也就可能会越来越高，从而形成正反馈过程。反之，则会形成负反馈过程，从而引起房地产价格的暴涨和暴跌。

在房地产市场的繁荣时期，各种媒体出于商业利益往往会鼓吹房地产市场不断上涨的消息。罗伯特·希勒在其《非理性繁荣》一书中专门统计了美国各主要媒体上发表的关于房地产市场将持续繁荣的文章，其中对媒体在助推房地产泡沫的形成中的作用进行了详细的分析。

交易者的非理性预期通常会借助于媒体的炒作而得到传播，再加上房地产价格上涨传递出的价格信息，刺激更多的投资者涌入楼市。日本经济学家铃本淑夫在提到日本1988年开始的地价暴涨时，将人们这种非理性的从众行为描述成为追逐载着乐队的大车奔走，后面的人尽管看不清前面发生了什么，但是还是会跟在后面。当时，人们都在购买土地，许多人并不清楚为什么，但是依然会买，最终导致日本的地产泡沫。因此，投资者的非理性预期是房地产泡沫形成的重要原因之一。

3. 银行信贷扩张

在投资活动中，宽松的货币政策和低利率政策往往成为促进投资的动力，因为低利率的存在会在减少存款吸引力的同时增加投资的吸引力。在房地产泡沫形成过程中，信贷与利率的配合不仅激发了人们对房地产的消费需求，而且为房地产商投资房地产提供了资金渠道，从而为房地产泡沫的产生提供了资金条件。

当银行增加信贷供给时，银行为获取利润争相扩大信贷供应规模，同时商业银行之间的竞争使得利率相应降低，因而在房地产市场上不仅具有充足的资金供应，而且具有较低的资金成本。2003年到2013年我国房地产开发企业资金来源中国内贷款从3 128.37亿元增长到19 672.66亿元，占其资金来源的比重一直在15%以上，是房地产开发企业第三大资金来源。

对于房地产需求方而言，银行利率的下降会刺激其增加购房消费，同时由于银行存款利率的下降，投资者出于资金保值的目的也更愿意把资金投入到增值明显的房地产市场。房地产的供给方和需求方都获得足够的资金支持，为房地产泡沫的产生提供了可能。

作为银行，由于信贷扩张而持有大量的房地产或者以房地产为抵押品的资产，那么房地产价格的上涨将会提高银行的资产规模，改善其资本充足率、资产质量和盈利状况。这将促使银行有更大动力强化对房地产业的信贷扩张，进而促进房地产的价格上涨。这一过程循环往复，形成一种正向反馈机制，房地产价格偏离基本价格也就不可避免。

（二）房地产泡沫治理

从房地产泡沫的成因分析，房地产泡沫主要通过货币政策、土地政策和税收政策（主要以房地产税改革）来进行治理。

1. 货币政策

通过货币政策对房地产泡沫进行治理主要有三个途径：汇率途经、利率途径和信贷途径。

对于汇率途径，由于自 2005 年 7 月 21 日起，中国开始实行以市场供求为基础，参考一揽子货币进行调节，有管理的浮动汇率制度，人民币的汇率更多地同世界经济密切相关，因此很难通过调节汇率的方式对房地产泡沫进行治理。

对于利率途径来说，由于房地产的虚拟资产特性，利率降低会引起资产价格的上升，并通过价格的正反馈机制导致房地产泡沫的产生。因此可以通过提高利率的方式对房地产泡沫进行抑制。但由于利率的提高和降低对整个经济面都有影响，因此在利用利率对房地产泡沫进行治理时可以选择，针对不同的房地产实行不同利率的方式，如对保障性住房和居民的首次置业可以提供较优惠的利率政策，而对二套房及以上的购买则施行较高的利率，这一政策的实施依赖于房地产登记信息的全国联网，以有效区分首次置业和投资、投机买房。

对于信贷途径来说，可以通过加强对房地产企业开发贷款管理和规范个人住房贷款操作来对房地产泡沫进行治理。对房地产企业开发贷款管理主要通过严格审查房地产开发贷款的发放条件，认真执行房地产投资项目资本金比例的规定，从源头上减少房地产经营风险向金融风险转移的隐患。2014 年央行对房地产开发企业严格限制贷款的政策对房地产价格的稳定起到了重要作用。规范个人住房贷款操作主要通过完善个人信用征信系统，对贷款人的借款行为和信用情况进行严格审核；同时要认真核查借款申请人购房行为的真实性，并对借款人的还款能力、抵押物价值等进行准确评估，合理确定贷款成数和抵押率；最后还要加强对开发商及楼盘的审查，严防开发商在开发资金短缺的情况下套取个人住房贷款。

2. 土地政策

通过土地政策对房地产泡沫进行治理的思路主要是通过规范地方政府行为

的方式，防止地方政府通过行政手段人为地制造土地泡沫进而吹胀房地产泡沫。政府应编制长期用地规划，并严格按照规划出让土地，给市场以稳定的政策预期。同时健全“招拍挂”出让制度，规范土地的协议出让，防止土地随意以低价和零地价的形式出让给工业企业，造成土地资源的浪费。政府还应改革土地供应结构，担负起保障低收入群体合理住房权利的责任，增加对保障性住房、廉租房等土地的供给。最后，政府应对自己在市场经济中的角色进行准确定位，减少对市场的不必要干预，且根据法律法规的授权，对土地投机、土地闲置与浪费等进行有效监管。

3. 税收政策

税收政策，主要是指利用房地产相关税收政策对房地产泡沫进行治理。其原理在于，税收既改变投机者的价格预期，也改变住宅资产的实际收益。前文已分析过由于我国房地产税重流转轻保有这一税制结构，导致房地产投机成本很低，这是引发房地产泡沫的重要原因。因此，制定房地产税收政策时，应该首先致力于改善这一税制结构，增加投机者的持有成本，减少投机收益，进而降低投机需求，以此来达到治理房地产泡沫的目的。房地产税制改革对房地产泡沫的治理机理具体见后文分析。

第三章

我国房地产税制存在的问题及发达国家的经验借鉴

第一节　我国房地产税制现状及存在的问题

一、我国房地产税制基本现状

我国现行房地产税制的基本框架，是在1994年全面结构性税制改革及2003年启动的新一轮税制改革的基础上形成的。新税收条件下的房地产税收体系在完善税目、统一内外税制方面有很大进步，税种和税源结构也形成了比较完善的框架。

现行税制结构体系除去已经取消的农业税，可以划分为六大类：流转税类、所得税类、财产税类、资源税类、行为税类、特定税目类。房地产行业作为我国经济发展的支柱产业，几乎涉及了上述所有税收类别，是目前我国税制体系中最为烦琐复杂的税收体系。现行房地产税制围绕房地产开发环节、保有环节、流转环节、所得环节征税，具体设计的税种有耕地占用税、土地增值税、企业所得税、个人所得税、印花税、契税、营业税、城市维护建设税、城镇土地使用税、房产税、城市房地产税（已取消）11种税种[71]，具体内容见表3-1。

表 3-1　我国房地产相关税收

税收分类	税种	纳　税　对　象	计税依据	税率
开发、流转、所得环节	耕地占用税	占用耕地建房或者从事其他非农业建设的单位和个人	实际占用的耕地面积	0.5～10元/m^2
	土地增值税	凡有偿转让国有土地使用权、地上建筑物及其他附着物并取得收入的单位和个人	纳税人转让房地产所取得的收入减除规定扣除项目金额后的余额，为增值额	30%，40%，50%，60%，（四级超率累进税率）
	企业所得税	中国境内有生产、经营所得和其他所得的企业（除外商投资企业和外国企业）	应纳税所得	25%
	个人所得税	在中国境内有住所，或者无住所而在境内居住满一年的个人，从中国境内和境外取得的所得	财产转让所得，以转让财产的收入额减除财产原值和合理费用后的余额，为应纳税所得额	20%
	印花税	在中国境内书立、领受规定凭证的单位和个人房屋产权转移时双方当时签订的	合同价格	0.03%
	契税	在中国境内转移土地、房屋权属，承受的单位和个人	房屋产权转移时双方当时签订的契约价格	3%～5%
	营业税	在中国境内提供应税劳务、转让无形资产或者销售不动产的单位和个人	营业额	5.5%
	城市维护建设税	从事工商经营，缴纳“三税”（即增值税、消费税和营业税）的单位和个人	纳税人实际缴纳的“三税”之和	5.5%
保有环节	城镇土地使用税	在城市、县城、建制镇、工矿区范围内使用土地的单位和个人	纳税人实际占用的土地面积	0.5～10元/（m^2·年）

续表

税收分类	税种	纳税对象	计税依据	税率
保有环节	房产税	房屋产权所有人	房屋原值一次减除10%～30%后的余值（房屋出租的，以房产租金收入为房产税的计税依据）	1.2%（12%）/年
	城市房地产税（已取消）	拥有房屋产权的外国侨民、外国企业和外商投资企业	房屋折余价值（房屋租金收入）	1.2%（18%）/年

上述 11 种税种，除去已经取消的城市房地产税，仍然有 5 个直接以房地产为课税对象的税种，即房产税、城镇土地使用税、土地增值税、耕地占用税和契税。以下本书中所称的各种房地产税收是狭义的房地产税收，仅包括以上 5 个直接以房地产为课税对象的税种。

（一）房产税

根据《中华人民共和国房产税暂行条例》（国发〔1986〕90 号）的规定，房产税以房产原值（评估值）为计税依据，税率为 1.2%。其计算公式为：

$$年应纳税额 = 房产原值(评估值)\times(1-30\%)\times1.2\%$$

（二）城镇土地使用税

根据《中华人民共和国城镇土地使用税暂行条例》（国务院令第 17 号发布）的规定，城镇土地使用税是在城市、县城、建制镇和工矿区范围内，对拥有土地使用权的单位和个人以实际占用的土地面积为计税依据，按规定税额征收的一种税。年应纳税额 = Σ(各级土地面积×相应税额)。北京市城镇土地纳税等级分为六级，各级土地税额标准为：一级土地每平方米年税额 10 元，二级土地每平方米年税额 8 元，三级土地每平方米年税额 6 元，四级土地每平方米年税额 4 元，五级土地每平方米年税额 1 元，六级土地每平方米年税额 0.5 元。

（三）土地增值税

根据《中华人民共和国土地增值税暂行条例》（国发〔1993〕138 号，以下

简称《条例》）规定，土地增值税按照纳税人转让房地产所取得的增值额和规定的适用税率计算征收，纳税人转让房地产所取得的收入减除《条例》规定的扣除项目金额后的余额，为增值额。土地增值税实行四级超率累进税率，即：增值额未超过扣除项目金额50%的部分，税率为30%。增值额超过扣除项目金额50%，未超过扣除项目金额100%的部分，税率为40%。增值额超过扣除项目金额100%，未超过扣除项目金额200%的部分，税率为50%。增值额超过扣除项目金额200%的部分，税率为60%。根据《关于土地增值税若干征收管理问题的通知》（京地税二〔1996〕240号）规定，对经常发生房地产转让的纳税人，在项目全部竣工结算前转让房地产取得的收入，由于涉及成本确定或其他原因，而无法据以计算土地增值税的，可以预征的土地增值税，待该项目全部竣工、办理结算后再进行清算，多退少补。其预征率为：预售宾馆、饭店、办公、写字楼的房地产，按预售收入3%的比例预征土地增值税；预售非普通标准住宅、别墅、公寓的房地产，按预售收入2%的比例预征土地增值税；预售其他房地产，按预售收入1%的比例预征土地增值税。

（四）城市房地产税、外商投资企业土地使用费

根据《中华人民共和国城市房地产税暂行条例》（国民〔1986〕90号）规定，城市房地产税是对拥有房屋产权的外商投资企业、外国企业及外籍个人、港澳台胞，按照房产原值征收的税种。城市房地产税依房产原值计税，税率为1.2%。计算公式为：年应纳税额＝房产原值×税率×(1–30%)。

（五）契税

首次购房90 m^2以下，按总价×1%税率征收契税；首次购房90～144 m^2（套内120），按总价×1.5%税率征收契税，144 m^2（套内120）以上或非普通住宅或二套房以上，按总价3%税率征收契税。根据2005年国务院办公厅转发《关于做好稳定住房价格工作意见的通知》（国办发〔2005〕26号），对个人购买普通住房，且该住房属于家庭唯一住房的，减半征收契税；对个人购买90 m^2及以下普通住房，且该住房属于家庭唯一住房的，按1%税率征收契税。

2003年10月，十六届三中全会《中共中央关于完善社会主义市场经济体制

若干问题的决定》中首次提出“实施城镇建设税费改革，条件具备时对不动产开征统一规范的物业税”；2005 年 10 月，党的十六届五中全会在《中共中央关于制定国民经济和社会发展十一五规划建议》中指出：“调整和完善资源税，实施燃油税，稳定推行物业税”；其后在 2006 年至 2008 年三年间，北京、深圳、南京、重庆、福建、天津等经济较发达省市先后进行“空转”试点；2009 年 5 月 25 日，中央下发的《国务院批转发展改革委关于 2009 年深化经济体制改革工作意见的通知》中，再次明确提出：“深化房地产税制改革，研究开征物业税。”一时间，物业税成为广大民众关心的问题，也引起了相关政府部门和学术界的广泛争论。开征物业税的背景是对现行房地产税收体制进行改革优化的有效措施，物业税是改革后的房地产税收体系中对房地产保有环节所征税的名称。

关于物业税，并不是一个新提出的概念，它最早起源于香港，只是东南亚一些国家对“财产税”（property tax）的另一种叫法，而且这些国家的物业税与我国目前所指的房地产税含义并不相同。关于物业税的内涵，理论界说法不一，鉴于对物业税概念的界定上并不明晰，本书中将房地产税制优化后保有阶段开征的税收统称为房地产税。

二、现行房地产税制存在的问题

随着改革开放的不断深入，我国的社会经济水平发生了很大的改变，现行房地产税制也逐渐暴露出不少弊端。结合之前的税收三大原则理论，即税收财政、公平和效率原则，我国现行房地产税收体系存在以下主要问题。

（一）财政收支不平衡，违背税收财政原则

近年来，我国房地产税收收入逐年增长，与房地产直接相关的税收收入占全国地方财政收入的比重也有逐步上升的趋势，但整体比重仍然较低，截至 2013 年尚未达到 20%，如图 3－1 所示。然而在西方国家，房地产税收收入是地方公共财政最为重要的可支配收入，占地方政府财政收入的比重相当高，甚至能够达到将近 80%。与此相比，我国名目众多的房地产税并没有带来理想的财政收入效果。

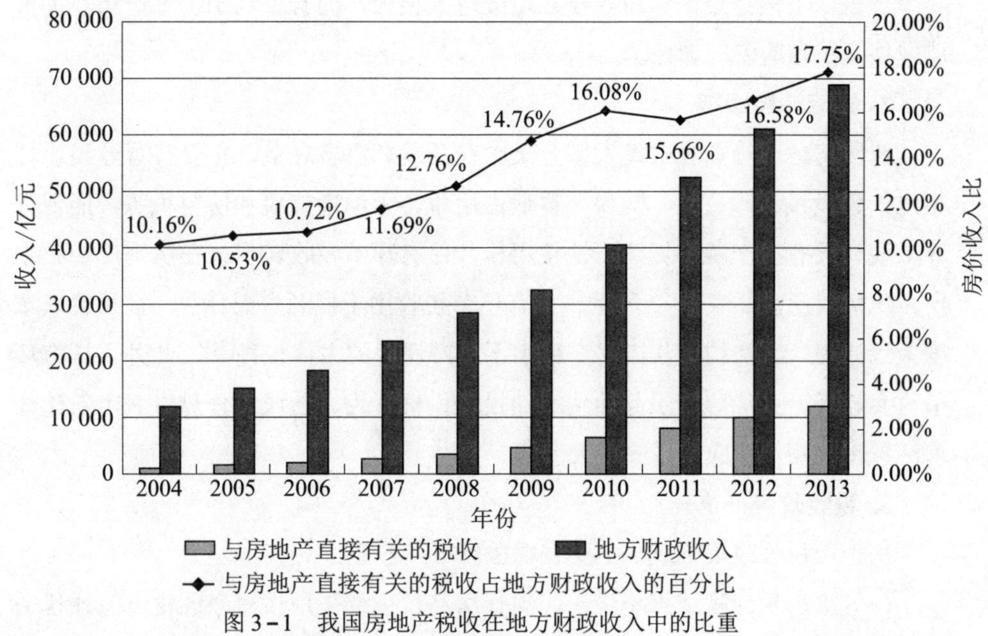

图 3-1 我国房地产税收在地方财政收入中的比重

然而，我国地方财政除了税收收入比重较低之外，还存在着财权上收而事权不断下放的现象，财政收支平衡难以维持。自 1994 年分税制改革以来，地方政府的财权不断被上收，部分原来归入地方财政的收入，如增值税，后将其收入的 75%归入中央政府；而 2002 年以后又将地方税种中增长较快的所得税改为由中央与地方政府共享[72]。与此同时，财政支出不减反增。地方政府不仅需要承担建设性支出、非公益性支出和行政性支出等，还要承担各种社会保障支出、企业亏损补贴和价格补贴等[73]。由此可见，在我国现行的房地产税收体制下，税收收入难以满足地方财政支出的需要，财政收支平衡很难维持，无法实现收入充裕、收入弹性和收入适度的税收财政原则要求。

（二）税制设计不科学，违背税收公平原则

1. 征税范围偏窄

目前我国房地产税收的征税范围仅针对经营性房地产行为，而对非经营性房地产行为（如生活用房）则排除在征管范围之外。现如今我国个人具有产权的房产已经成为最普遍和最基本的房地产占有方式，长期忽视对个人房产占有

环节征税，不但会给国家税收收入造成巨大损失，而且不利于房地产市场的健康发展及国家的宏观调控。

2. 重流转轻保有

我国房地产行业税收绝大部分集中在开发和流转环节，主要有营业税、城市维护建设税、印花税、契税、耕地占用税、土地增值税和所得税等，而保有环节税种只有房产税和城镇土地使用税，保有环节税收较少，在房地产税收中所占比例较低，如表 3-2 所示。保有环节税收由于税源少而分散，征收管理难度大等原因，无法构成我国财产税中不动产课税的主体税种[74]。此外，持有环节税负较低，更加容易引起消费者的投资投机行为，造成部分热点城市新建住房空置率偏高，形成资源的巨大浪费。

3. 税收政策不统一

房地产税收政策不统一主要表现在以下几方面。

（1）房产税计税依据不统一。现行房产税主要采用按房产征税价值计税的从价计征和按房产租金收入计税的从租计征，分别采用单一税率 1.2%和 12%[75]。这两种计税依据，没有考虑到各地区经济发展的差别、房产后期升值的因素，无法反映房产的市场价值；且由于我国租赁市场尚不规范，个人出租住房按税法规定的纳税比例非常低，因此税负存在明显的区别，导致房产自用和出租之间的税负失衡，有悖于税收的横向公平原则。

（2）土地增值税政策不统一。针对不同的纳税人，土地增值税允许扣除的项目有所不同。对于从事房地产开发的纳税人来说，除一般允许扣除的项目之外还有 20%的加计扣除项，但对其他投资者则无此规定。这显然与税收原则中的公平原则不相符。

（三）征税过程较为烦琐，违背税收效率原则

1. 重复课税

我国现行的房地产税收名目繁多，重复课税现象严重，见表 3-3。同一税基、相似性质的税种在不同的征税环节重复征收，不但增加了房地产业的成本，加重纳税人的税收负担，而且容易产生大量的隐性交易，加大税收征管过程中的执法难度，影响税收的高效原则[12]。

表 3－2　房地产税收中各环节房地产相关税收分布

年份	开发流转环节										保有环节				总计
	营业税	企业所得税	个人所得税	城市维护建设税	印花税	土地增值税	耕地占用税	契税	小计	开发流转所得环节税收占房地产税收的百分比	房产税	城镇土地使用税	小计	保有环节税收占房地产税收的百分比	
2004	3 470.98	1 596.00	694.82	669.74	123.62	75.04	120.09	540.1	7 290.39	93.91%	366.32	106.23	472.55	6.09%	7 762.94
2005	4 102.82	2 139.89	837.97	791.02	161.47	140.31	141.85	735.14	9 050.47	94.04%	435.96	137.34	573.3	5.96%	9 623.77
2006	4 968.17	2 681.14	981.54	933.43	202.55	231.47	171.12	867.67	11 037.09	94.10%	514.85	176.81	691.66	5.90%	11 728.75
2007	6 379.51	3 132.28	1 273.78	1 148.70	316.6	403.1	185.04	1 206.25	14 045.26	93.60%	575.46	385.49	960.95	6.40%	15 006.21
2008	7 394.29	4 002.08	1 488.08	1 336.30	361.61	537.43	314.41	1 307.54	16 741.74	91.79%	680.34	816.9	1 497.24	8.21%	18 238.98
2009	8 846.88	3 917.75	1 582.54	1 419.92	402.45	719.56	633.07	1 735.05	19 257.22	91.78%	803.66	920.98	1 724.64	8.22%	20 981.86
2010	11 004.57	5 048.37	1 934.30	1 736.27	512.52	1 278.29	888.64	2 464.85	24 867.81	92.91%	894.07	1 004.01	1 898.08	7.09%	26 765.89
2011	13 504.44	6 746.29	2 421.04	2 609.92	616.94	2 062.61	1 075.46	2 765.73	31 802.43	93.19%	1 102.39	1 222.26	2 324.65	6.81%	34 127.08
2012	15 542.91	7 571.60	2 327.63	2 934.76	691.25	2 719.06	1 620.71	2 874.01	36 281.93	92.57%	1 372.49	1 541.71	2 914.2	7.43%	39 196.13
2013	17 154.58	7 983.34	2 612.54	3 243.60	788.81	3 293.91	1 808.23	3 844.02	40 729.03	92.50%	1 581.50	1 718.77	3 300.27	7.50%	44 029.3

表 3-3　房地产税制中的重复课税

课税对象或环节	重复课税现象
土地	征收土地使用税和耕地占用税
房屋租金收入	既征收房产税，又征收营业税
房地产转让	既按取得的土地增值额计征土地增值税，又按取得的纯收入征收企业所得税、营业税
产权转移书据或契约	承受方既要缴纳契税，又要缴纳印花税

2. 征税成本高

房地产税具有很强的区域性特点，各地实际情况差别较大，现行财税体制下，立法权大多集中在中央，地方政府只有征管权，在具体执行过程中很难满足房地产税源多种多样的需求。再加上有些税种设计过于复杂，可操作性差（最典型的是土地增值税），这无疑为纳税人的纳税行为增加了一定的难度。此外，监管部门由于信息不对称，无法掌握房地产交易的真实情况，也势必造成房地产税收收入的流失，有违以最少的税收成本获取最多的税收收入的效率原则。

第二节　国外房地产税制比较与借鉴

一、国外房地产税制比较

本节主要选取美国、日本、新加坡房地产税制进行分析比较，为我国的房地产税制优化的政策决策提供参考借鉴[76]，具体比较内容见表 3-4。

表 3-4　美国、日本、新加坡房地产税的比较

项　目	美　国	日　本	新　加　坡
土地所有制形式	土地和住宅私有制	土地和住宅私有制	土地公有制，住宅私有制
征收对象及方式	土地和住宅统一征收	土地和住宅分开征收	土地和住宅统一征收

续表

项　目	美　国	日　本	新　加　坡
开征背景及目的	为政府提供充足的财政收入	组织财政收入，合理配置土地资源，抑制房地产泡沫	促进经济健康发展
房地产税名称	财产税	固定资产税、城市规划税	财产税
课税范围	各州对纳税财产的规定并不相同，所有州都对不动产征收财产税，大多数州对动产征税	土地、房屋和折旧资产都属于固定资产税的征税对象，而城市规划税只对土地和房屋征税	对所有住房、土地、建筑物征收，包括政府保障房屋。但对自住住宅实行优惠税率
免税范围	用于宗教和教育用途及政府和慈善机构拥有的房地产免税，一些州对低收入老年人和残疾人也免税；各州的免税条款差异较大	免征点为土地30万日元、房屋20万日元、折旧资产150万日元。免税范围为：政府、皇室、管理自然资源的机构、宗教法人、公路、国家公园和风景保护区、风景名胜区、学校、公众福利和公益用途的设施	对公共宗教用地、政府出资援建的公共学校、慈善机构及对新加坡社会发展有益的机构免征财产税；从1991年4月1日起，空置住宅进行建筑工程，可获得退税优待为期两年，工程完工后，住宅须为所有人自行使用；1995年3月起，对供开发之土地在开发期间内免征财产税，免税期可达5年
计税依据	房地产评估价值	房地产评估价值	估算的年租值
税率	各个州和地方政府财政税税率均不同，大致为1%～3%	固定资产税统一为1.4%，城市规划税税率最高不超过0.3%	2011 年自住住宅实行 0，4%，6%的累进税率；其他10%
占地方财政收入或税收收入比重	财产税占州政府税收收入不足2%，占地方政府税收收入接近50%	20世纪90年代以前房地产税占地方税收总收入比重保持在40%以上，90年代以后上升至50%左右	新加坡没有中央税和地方税之分，财产税占财政收入的比重一般在5%～7%

二、国外房地产税制借鉴

通过比较分析经济发达国家及地区比较成熟和完善的房地产税制，可以从中发现它们之间存在的共同之处，对我国房产税制改革优化提供如下借鉴和启示。

（一）税收地位方面

房地产税是各国地方主体税种和地方财政收入的主要来源。从上述比较分析中不难看出，各国开征房地产税的目的各不相同，且房地产税在各国财政收入中所占的比重有所差异，但无一例外，世界上征收房地产税的国家，房地产税收入基本上都是该国地方财政收入的主要来源。如美国的财产税占地方政府税收收入接近 50%，财产税主要用于当地的各项基础设施建设支出。日本在 20 世纪 90 年代以前房地产税占地方税收总收入比重保持在 40%以上，90 年代后上升至 50%左右[77]。目前我国房地产税收占地方财政总收入的比例偏低，可以通过房地产税改革，提高房地产税在地方政府财政收入中的比重，进而增加地方政府财政收入，缩小地方政府的财政缺口。

（二）征税环节方面

征税环节方面主要指在房地产保有环节征税，开发环节税负相对较轻。

同房地产的开发、流转等环节的税收征管工作相比，在美国等绝大多数发达国家，房地产相关的税收主要来源于房地产的保有环节，房地产保有环节的税收具有财产税的性质，有较好的收入分配功能和资源配置调节功能。对于我国目前“重流转轻保有”的房地产税制，应当借鉴国外的财产税，征收保有环节的房地产税，增加房屋保有环节的税负，有效地抑制投资投机，减少房屋空置等资源浪费。

（三）税收原则方面

税收原则方面实行“宽税基、分税种、分类别、低税率”的征税原则。

1. 宽税基原则

各国房地产保有税的税基范围普遍较宽，一般情况是仅对公共、宗教、慈善等机构的不动产实行免税，其余均要征税。

2. 分税种原则

有些国家房地产税按房产和地产分设税种，并按照不同税率征收。

3. 分类别原则

即各国按照物业的不同用途分别适用不同的税率。例如，美国课税税率就按照房产的不同用途，如住宅、商业、工业等分别设定。

4. 低税率原则

各国适用的房地产税税率普遍不是太高。例如，目前美国各州和地方政府的平均税率为1%～3%[78]。

（四）税收优惠方面，各国实行适当的税收优惠政策

通过比较发现，大多数国家均实行适当的税收优惠政策，主要包括减免税政策及税收补贴优惠政策。减免税范围包括：非营利组织（如政府、军队、宗教、教育、慈善等），个人自用住房，以及一些特殊群体（如老人和残疾人）；而对于社会低收入者在购房和租房时给予税收优惠政策。同时，考虑到实现社会公平，防止贫富悬殊过大，适当采取对土地所有者或拥有豪宅的人群课以重税[78]。

第三节　我国房地产税制优化基础

西方发达国家与地区成熟的税收基础理论与税制优化理论，完善的房地产税收模式，对我国建立合理优化的房地产税制框架具有很强的理论与现实指导意义。

一、税制优化的现实基础

任何理论的研究分析都是基于一定的现实基础。我国房地产税制优化研究正是从我国房地产税收的现状研究出发，本章第一节中已经对我国现行的房地产相关税收情况进行了简单的介绍，关于其在实际应用过程中所暴露出来的问题及弊端也已经有目共睹，专家学者也已基本达成共识。这无疑对我国进行房地产税收改革，建立起符合中国经济社会实际状况的房地产税收体系，提出了必要的现实要求。

西方发达国家及地区早已在漫长的财产税发展过程中形成了较为成熟完善的房地产税收体系，本章第二节选取具有代表性的国家的房地产税收体系进行比较分析，从中归纳总结出一些成功的共同点与可供借鉴的经验。由于不同国家之间可能存在基本国情、经济体制及经济发展目标的不同，尤其我国特有的中国国情，更加不可能生搬硬套他国房地产税收制度，但我国的现实要求紧迫，国外的房地产税制研究可以为我国相关的研究工作提供灵感与启示。

（一）从决策层面看

自从党的十六届三中全面提出城镇建设税费改革，在条件成熟时开征不动产税以来，财税部门为开征不动产税做了大量的研究工作。自 2004 年 10 月开始，财政部和国家税务局先后在北京、深圳等 10 个地区进行房地产模拟评税试点，积累了大量的实践经验，为开征不动产税奠定了基础。

（二）从环境层面看

一是物权法将土地使用权纳入物权的范畴，为用益物权，使得土地使用权具备物权的性质，为确定房地产税收的独立土地物权奠定了基础；二是评估不动产计税依据的市场环境成熟，基础数据较为完备；三是近十年来我国房地产评估行业快速发展，积累了丰富的房地产评估计税经验。

（三）从技术层面看

随着房地产市场的发展，财政部和税务局逐步深化进行模拟评税试点工作，信息化水平也随之日益提高，掌握了大量开征不动产税确定计税依据的技术知识。经过十多年的努力，税务部门已初步建立起包括硬件、网络和应用系统在内的税收管理信息系统，具备评估不动产价值所需的操作平台和技术支持。

（四）从操作层面看

通过在十个地区进行房地产模拟评税试点，已形成符合我国房地产特点的操作规范。即采用地方财政部门负责制，其他部门相互配合的工作模式；对不

同类型的房地产，结合实际情况采用不同的评税方法。

此外，国外的不动产税的评估理论和实践为我国的不动产税征收提供了很好的借鉴，我国可以吸收不动产税发展成熟的国家的经验。

二、税制优化的改革要点

鉴于国内外房地产税制的研究对比，我国房地产税制改革的必要性是毋庸置疑的，当前房地产税制改革的一些现实条件已经初步形成，但是具体改革实施仍然存在许多难题需要解决。

（一）关于土地使用权出让金如何征收的问题

土地使用权出让金（简称土地出让金）是指在实行“批租制”这样一种土地使用和管理制度下，国家以土地所有者的身份将土地使用权在一定年限内让与土地使用者，土地使用者向国家一次性支付的金额。从广义上来看，是政府出让土地取得的所有收入。狭义上来看，还应该从收入中减去缴纳的税费和拆迁安置费，这部分净收入为地价。

学术界有以下两种观点。一种认为房地产税制改革，应该把土地出让金纳入房地产税中作为设计房地产税费时考虑的基数。也就是说，取消土地出让金，改为按年在房地产税中征收。而另一种观点认为土地出让金与房地产税属于性质不同的经济范畴，不能也不应相互替代。这种观点认为房地产税是财产税的一种，税是公共分配范畴，而土地出让金是土地的价款，属市场范畴，两者在社会再生产中的作用是完全不同的，这种观点反对简单地把一次性收取土地出让金看成是政府的短视，认为政府的短视不在于是否一次性收取土地出让金，而在于政府对土地开发有无长远规划。

（二）房地产税制优化是旧税的整合还是新税的开征

目前房地产税收体系中涉及房地产开发、保有、流转、所得环节的税种包括耕地占用税、土地增值税、企业所得税、个人所得税、印花税、契税、营业税、城市维护建设税、城镇土地使用税、房产税，直接以房地产为课税对象的税种，包括房产税、城镇土地使用税、土地增值税、耕地占用税和契税五种。除此之外，房地产开发与建设中还涉及土地出让金及其他各种建设收费。

针对如此纷繁复杂的税费名目，房地产税制改革优化是对原有房地产税制进行调整还是开征一个新税种，将是急需解决的一个问题。若是对原有的房地产税制进行调整，是否能实现优化整合，从而使房地产税制安排更加科学合理？若是开征一个新税种，是否会增加本已杂乱的房地产税种的复杂性，造成新的混乱？

（三）房地产税的具体税收要素如何确定

鉴于我国现行房地产税制体系中存在的种种弊端，税制优化应该合理确定各项税收要素，但是在确定过程中却又存在着实际的操作困难。

三、税制优化的理论应用

（一）实现税收职能与原则，进行土地供应制度改革

税收职能中最基本的是税收的财政职能，即获得足够的财政收入。税收作为国家财政收入的主要来源，税制设计中首先要遵循的自然是税收满足国家财政支出的财政原则。对于地方政府而言，在房地产开发环节收取的土地出让金作为其财政收入的一部分，可以有效供给其他财政支出。因此，进行我国房地产税制优化，土地问题值得深入研究。

目前国内关于土地出让金如何缴纳的研究众多，主要集中于税与费的关系界定方面。在我国政府获得财政收入的税收、国债和收费等三种主要形式中，最为规范的收入途径即税收。因此，房地产税制优化改革，应当理顺税费关系，规范税费体制，重点是将与房地产相关的税费合并，考虑将土地出让金纳入保有环节的税收。

（二）基于供给学派的最优税制理论，建议取消土地增值税

供给学派主张实行供给管理政策，通过减税拉动经济增长。美国历史上基于这种主张进行税收改革的成功经验具有一定的参考价值。通过拉弗曲线的分析，美国 20 世纪 70 年代所采用的高累进所得税率和资本收益税率处于税率禁区，造成储蓄、投资和劳动供给减少，失业现象严重。供给学派主张，通过实行减税政策，刺激投资、储蓄和工作的积极性，带动就业和经济增长。20 世纪 80 年代的里根政府采纳了供给学派的主张，从而实现了由连年赤字到 20 世纪

90 年代以后较大财政节余，经济持续发展。

基于我国现行房地产税制中存在的税目繁多、重复课税等主要问题，供给学派主张的减税政策对我国的税制结构调整及提高经济运行效率，具有一定的适用性。我国目前存在着一定的减税空间，主要可以土地增值税作为突破口进行适度减税。

供给学派学者还提出将税收征管因素考虑进最优税制理论的研究范畴，重视税收征管成本和征管质量。基于税制优化的理论支持，考虑到税收的实际征管因素及改革适用性，建议取消土地增值税。

（三）依托最适课税理论，完善保有环节房地产税制

最适课税理论强调的是在保证公平与效率两大原则的前提下追求的一种最优理想税制。该理论通过将公平目标与效率目标纳入福利函数，建立严格的经济理论框架和复杂的数学分析方法，试图实现两个目标之间的均衡。因此最适课税理论应用于税制模式的选择，主要取决于公平与效率目标之间的权衡。基于我国房地产各个环节税收负担的不均衡，若要达到公平与效率的兼顾，加强保有环节的税收自然成为必需的优化方案选择。

最适课税理论特别强调纵向公平和税率结构的设计，保有环节房地产税的设计也应该重视扩大征税范围，调整计税依据及确定合理税率。我国原有税收覆盖范围较窄，对纳税人税收负担方面有失公平；计税依据标准不统一，纳税效率方面有所偏颇。而税率设计的合理与否，既关系到税收收入的满足，又关系到税制的复杂程度及实施的可行性。因此，税率的合理设计至关重要。借鉴最适课税理论，在保有环节征税初期采用固定税率，降低税率大小，实现公平原则；同时，减少税收的征纳成本，提高税收的效率。

第四章

房地产税对房地产泡沫的抑制机理研究

第一节 房地产税改革对房地产泡沫抑制机理

房地产泡沫是由于房地产市场中存在大量投资者、投机者购入房地产，而引起的房地产实际价格对其实际价值连续偏离的一种经济现象。本书将实际房价定义为由经济基本面决定的基本房价和由投资、投机因素决定的泡沫两部分组成。房地产税改革对房地产泡沫的抑制机理也应从房地产税变化对实际房价的影响和对投资、投机性需求的影响两方面进行分析。

一、房地产税改革对实际房价的影响

本书借鉴杜雪君房地产税对房地产实际价格的分析方法来解释房地产税改革对实际房价的影响[35]。

资产价格理论分为古典资产价格理论与现代资产价格理论。前者指资产收益的贴现值之和，这是资产的长期均衡价格；后者指资产的交易价格，它既决定于资产收益也决定于资产的预期增值，即资产出售以后实现的资本性溢价。

根据资产定价原理，房地产价值受年度收益、贴现率和使用年限等因素的影响，房地产税对房价的影响是通过减少房地产预期收益来实现的。本书认为房地产税改革应将现有的仅向经营性房产开征房产税，扩大至向居住性住房开征房产税，这必然会导致房地产保有成本的增加，从而会减少房屋持有者的房

地产预期收益。

根据资产定价理论，房地产价格可用式（4-1）表示：

$$P=\int_0^T (1-h_1)f(t)\mathrm{e}^{-it}\mathrm{d}t+(1-h_2)g(T,n)\mathrm{e}^{-iT} \quad (4-1)$$

其中，假设贴现率是一个外生变量，设为 i；

房地产出售前房屋出租净收益为 $f(t)$；

在 T 时点上，房地产出售总收益为 $g(T,n)$；

房地产持有税为 h_1；

房地产交易税为房地产售价的某个比例 h_2。

为确定房地产持有税 h_1 对房价的影响，可以对 h_1 求偏导：

$$\frac{\partial P}{\partial h_1}=\int_0^T -f(t)\mathrm{e}^{-it}\mathrm{d}t<0 \quad (4-2)$$

式（4-2）表明，房地产持有税 h_1 对房地产价格的影响效应为负，即提高房地产持有税 h_1 将使房地产价格下降；反之，降低房地产持有税 h_1 将使房地产价格上升。

同理，为确定房地产交易税 h_2 对房价的影响，可以对 h_2 求偏导：

$$\frac{\partial P}{\partial h_2}=-g(T,n)\mathrm{e}^{-iT}<0 \quad (4-3)$$

式（4-3）则表明，房地产交易税 h_2 对房地产价格的影响效应为负，即提高房地产交易税 h_2 将使房地产价格下降；反之，降低房地产交易税 h_2 将使房地产价格上升。

因此，提高房地产持有税或交易税都将使房地产价格下降。

这同况伟大、马一鸣对 1996—2008 年全国 33 个大中城市住房市场数据的实证分析结果一致[32]。巴曙松、刘孝红、尹煜等人借鉴杜雪君等人的模型，对三种物业税改革方案对房价的影响做了实证分析。结果表明三种方案下物业税的开征均会引起房价的下跌[36]。

关于房地产税对房价影响的研究很多，过高的房价只是房地产泡沫的一种表现形式，从上文的文献中已知房地产泡沫产生的原因还包括投资及投机性预期，文化心理等，而如果金融政策和行政手段运用失误，则有可能带来房地产泡沫的破裂。对于房地产泡沫的抑制措施，包括提供保障性住房，加强金融监管，改革税制等。房地产税改革是税制改革中很重要的一环，房地产税改革在抑制房地产泡沫上有积极的作用，这已经得到了众多学者的肯定，然而，关于房地产税改革对抑制房地产泡沫效果的定量分析则几乎没有，这将是本书研究的重点。

二、房地产税改革对投资、投机因素的影响

房地产税改革对投资、投机因素的影响主要从房地产税改革对投资、投机需求和对投资、投机预期的影响两个方面展开。

（一）房地产税改革对投资、投机需求的影响

房地产作为一种特殊的商品，兼具消费品和投资品的双重属性。在房地产市场上，房地产的需求主体分为三类：消费性需求者、投资性需求者和投机性需求者。

（1）消费性需求者，是指通过购置房地产来满足自身基本生活需要，比如购买商品房作为自己的居住用房的消费者，这类消费即属于通常所说的刚性需求。

（2）投资性需求者，是指购买者购置房产后，将房产出租换取定期的租金收入，或者通过长期持有房产再选择合适的时机出售房产，以获取投资收益为目的的购买者。

（3）投机性需求者，是指通过购买房产在短期内以“低买高卖”的方式获取高额利润的投机者。投机性需求者和投资性需求者，最大的区别即对房地产的持有时间不同。

房地产税开征后，依照各国的经验都会对自住型住房给予一定的税收减免，因此对消费性需求不会造成太大的影响。

对投资、投机性需求而言，若房地产税改革是以增加房地产保有环节的税收为改革目的，则房地产税改革后将会增加房地产的持有成本，降低投资者的预期收益。当租赁市场供给量较大时，投资者将无法将持有成本转移给租房者，

那么投资者就会倾向于将房产出售，以获取收益，也因此增加房地产市场的短期供给，从而拉低房地产实际价格。当租赁市场供给量较少时，投资者可以将增加的房地产税负转嫁给租房者，但是，由于房地产税改革出台后会影响公众对房价的预期，房地产市场的潜在投资收益不确定性增加，会导致潜在投资者的撤离，同样会对房价产生一定的影响。

（二）房地产税改革对投资、投机预期的影响

预期是人们参与经济活动时对未来状况的一种判断，是一种复杂的心理活动。预期可以使未来的资产价格发生变化。持久收入假说认为，如果房地产价格持续上涨，那么投资者得自房地产的收益将由暂时性变为持久性，从而增强市场信心。而房地产所有者的消费增加所产生的示范效应又会带动其他家庭增加消费，从而对房地产业的供给和需求产生影响。

影响公众对房地产预期的主要因素包括收入预期、支出预期和对价格的预期。从某种程度上说，房地产经济是一种“信心经济”。在2003年到2012年间，我国的房地产价格持续上涨，很重要的原因在于房地产商和公众之间的信息不对称，公众无法获知房地产空置率等信息。再加上我国正处于快速城镇化的阶段，房地产开发商和地方政府将城镇化对住房的需求人为地放大，公众大都持有房价必将持续上涨的预期，在这种预期下带动投资、投机需求的增加，从而推动了房价的进一步上涨。

从上文房地产税对房价的影响分析中可以得到，提高房地产税会引起房地产价格的下降，当房地产价格开始下降时，则必然引起公众预期的改变。

这里需要注意的是，房地产税改革应该合理引导公众的预期，防止房地产价格的持续快速下跌。从众行为理论认为：在市场中总有一批幼稚的参与者，他们没有足够的信息来源，也观测不到准确的信息，他们对未来的预期的形成主要依赖于市场上其他人的行为和预期，从而通过模仿其他人的行为来选择自己的行为策略。这种模仿传染会使房地产等资产价格大幅上升或下跌，造成市场的极度波动。

第二节　发达国家应用房地产税制抑制房地产泡沫的实践

本书选取的国家为新加坡和日本。这两个国家的住房模式和房地产税制各有特点。余南平[79]认为住房模式的形成除了受政治、经济因素影响以外，社会文化因素也是较大的影响因素。东亚和东南亚地区由于受儒家文化安土重迁的影响，使得这一地区的住房自有率水平及房价水平远高于世界其他地区。因此本书选取日本和新加坡作为该地区的代表国家进行研究，同时新加坡的公有土地占比在 55%以上，我国是土地公有制的国家，新加坡在房地产税改革上的很多做法对我国有借鉴意义。

一、新加坡房地产税制对房地产泡沫的抑制作用

（一）新加坡房地产税制

新加坡房地产税制主要包括：财产税、资本增值税、租金收入所得税、印花税和遗产税。本书所指房地产税主要是指财产税。新加坡的财产税起源于英国的评核制度，从 1825 年住房即被纳入课税对象，后几经改革，形成今天的税收体系。

新加坡财产税的计税依据是不动产年租值扣除家具、设备和服务费用。年租值是假设业主出租房地产，每年能收到的租金。年租值由新加坡国内税务局每年通过估算确定。征收范围包括所有房产，即使针对中低收入者的政府组屋也必须缴纳财产税。

财产税的税率，2011 年前，自住房产为 4%，其他类型的房产为 10%。从 2011 年 1 月起，对自住房产开始按累进税率征税。低于 6 000 元的房地产年值不需要缴付任何财产税；6 000 元以上 65 000 元以下的年值缴纳 4%的财产税；65 000 元以上的剩余年值则缴纳 6%的财产税。投资性房产，按 10%税率计征。从 2014 年起，对自有住房累进税率改为间隔 2%的八级累进税率，最低税率为 4%，最高税率为 16%，免税起征点也改为 8 000 元，8 000 元以上 55 000 元以

下的年值缴纳 4%的财产税。非自有住房也改为从 10%到 20%的六级累进税率，间隔税率为 2%，30 000 元的住房税率为 10%，年值每增加 15 000 元，税率上升一级[80]。

（二）新加坡房地产泡沫

新加坡住房模式最鲜明的特点就是大规模公共住房计划的实施。从 1965 年李光耀政府执政开始，在不到 30 年的时间中，政府为 86%的人口提供了约 75 万套住房，且其中 81%的住宅产权属于居民个人所有。新加坡的住房模式有很强的国家干涉的特点。首先，新加坡政府设有解决住房问题的新加坡建房发展局，同时给予政府贷款用于住房建设，通过建房发展局，政府为大量的中低收入者提供了政府新建的公房。其次，在住房建设上，实行公建为主、鼓励私建的政策。政府除了对公共住房进行大量投资外，还通过向居民出售公房的方式回收投资，实现公房建设的良性循环。第三，强制推行住房公积金制度，为居民将来购买房产进行强制性储蓄。最后，在公房的租售方面，尽量照顾低收入居民，以保证社会的稳定。

新加坡虽然实行政府保障住房政策，但房地产市场也是有涨跌起伏的。图 4-1 数据表明，从 1990 年到 2013 年，新加坡房地产价格经历了两次较为快速的上涨。一次是从 1990 年开始到 1996 年东南亚金融危机爆发之前到达最高点。一次是从 2007 年美国次贷危机发生以后一直延续到 2013 年。在 1997 年爆发东南亚金融危机前，新加坡经济发展迅猛，国际竞争力连续两年位居世界第一。在 1990 年后的一段时间内，政府对房地产投资过度、银行大量放贷，造成了房地产市场供过于求，新加坡出现了房地产泡沫。但由于新加坡经济基础雄厚，金融体制完善，再加上政府治理得当，同周边的泰国、马来西亚等国相比，新加坡在房地产泡沫中受损较小。从图 4-1 也可以看出，新加坡的房价从 1997 年第一季度开始连续下跌持续到 1999 年第一季度，平均每季度跌幅在 4%以内，新加坡在 1997 年金融危机中治理房地产泡沫是比较成功的。

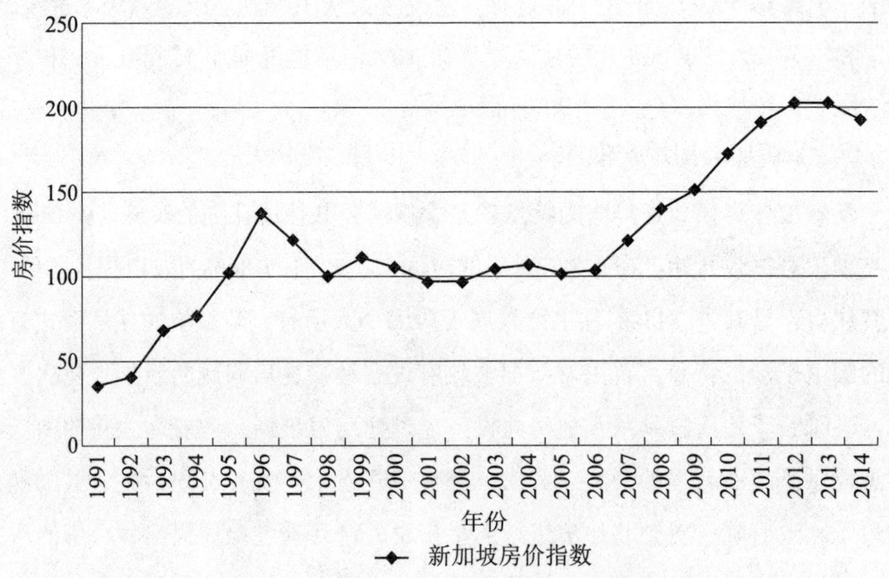

图 4-1　1991—2014 年新加坡房价指数变化

（数据来源：新加坡统计局 www.singstat.gov.sg，其中 2014 年数据为第三季度的数据）

2007 年美国次贷危机以后，随着西方经济体和日本采取的量化宽松货币政策导致的高流动性，以及持续的高通货膨胀率和低利率等因素，全球流动性资金纷纷涌入亚洲市场，新加坡房价再度大幅上扬。新加坡政府再次果断出手，严控房价。自 2009 年以来，新加坡政府实行了六轮房地产“降温”措施。这些措施包括对房贷和开发商贷款进行限制，对外国人和企业购买房产征收额外的税收等。根据新加坡统计局的数据，到 2013 年第三季度，新加坡的房地产价格已经开始下跌。

亚洲国家的居民习惯将住房作为投资工具，很容易形成房地产泡沫，新加坡政府在防范房地产泡沫及泡沫治理上都是比较成功的。

（三）新加坡房地产税制对房地产泡沫的抑制作用分析

新加坡的所有住宅都必须缴纳财产税，随着新加坡经济发展及房地产市场价值的不断上升，新加坡的自有住房财产税率也从 2011 年的 0、4%、6%的三级税率变为 2014 年的八级税率，起征点也从 6 000 元变为 8 000 元。相应的其他类型房产也从 10%的单一税率调整为六级累进税率。可以说，财产税的普遍

开征，增加了房地产的持有成本，从总体上抑制了房地产的投机行为。新加坡的财产税对自有住房和其他类型的房地产做了区分，只要不是自有住房，均需要按照其他类型房地产规定的税率进行缴税，且税率相对于自有住房税率较高，因而减少了出租房屋的收益，抑制了投资性房地产的需求。

新加坡政府利用财产税杠杆对房地产市场的调节较为频繁，而且效果比较显著，据相关资料统计，自 20 世纪 90 年代以来，新加坡政府针对财产税的重要调整有 28 项之多，平均每年都有一项针对财产税的措施，这些措施包括税率调整、税费减免、完善征税方式、对年租值的调高或降低等。

如 2007 年以后，受全球各国政府争相采取量化宽松货币政策的影响，新加坡房地产价格一直处在快速上升的状态。政府为应对房价快速上涨出台了一系列政策，其中房地产税政策是运用比较多的手段，如表 4-1 所示，仅 2010 年到 2014 年，房地产税率就做了三次调整。由于新加坡国内税务局每年都会公布房地产评估值，因此新加坡政府利用房地产税收政策对房地产市场进行调控上比较频繁，而且一般每年会在房地产价值评估完成后予以公布，在第二年 2 月份纳税时，政策即已开始执行。新加坡政府利用房地产税对房地产市场调控的另一个特点是快速高效，能够根据房地产市场的变化，及时制定相应的政策，同时政策能得到快速落实。

表 4-1　2009 年后新加坡房地产税政策变化一览

政策颁布时间	主要目的	主要内容
2010 年 2 月 22 日	调节收入差距，同时抑制房地产泡沫	2011 年 1 月起自有住房屋采取累进税率为 0、4%和 6%
2013 年（具体日期未查到）	维护税负公平，抑制房地产泡沫	2014 年自有住房屋累进税率为 0、4%、5%、6%、7%、9%、11%、13%、15%
2014 年（具体日期未查到）	维护税负公平，抑制房地产泡沫	2015 年自有住房屋累进税率为 0、4%、6%、8%、10%、12%、14%、16%

（来源：根据新加坡国内税务局网站资料整理. http：//www.iras.gov.sg.）

从1991年到2014年，新加坡的房地产价格虽然也有震荡，但总体来说仍然在政府的控制范围内。特别是1997年受东南亚金融危机冲击，新加坡房价有较大跌幅，但是相较于泰国、马来西亚等国受损却是最小，也最早从危机中复苏。这都与新加坡政府通过运用包括财产税在内的工具对房地产市场的有效调控有着密切关系。

二、日本房地产税制对房地产泡沫的抑制作用

（一）日本房地产税制

日本是土地私有制国家，其税收分为国税和地方税两类。日本的房地产税收最早始于江户时代，现有与房地产相关税收中，除了所得税和印花税属于国税以外，其余税种均为地方税。其中固定资产税和城市规划税具有房地产税的功能，两者的税收之和占到了地方财政总收入的90%。日本房地产泡沫破灭后，日本政府对房地产税制进行了一系列的改革，逐步形成了针对房地产流转、保有和所得环节的均衡课税体系。

日本的固定资产税是地方税的一种，征税主体为市町村；计税依据是房地产评估额，由市町村估价师将评估结果报市町村村长确定后公布，原则上每三年评估一次。征税范围包括土地、房屋建筑和折旧资产。但对包括政府、皇室、管理自然资源的机构、宗教法人、公路等用于公众福利和公益用途的设施免于征收。

固定资产税的税率为1.4%，最高不超过2.1%。对住宅用地和用于公益事业的房地产，根据评估额给予一定比例的税收优惠。固定资产税的免征点为土地30万日元、房屋20万日元、折旧资产150万日元。

城市规划税的纳税人和征税规定均和固定资产税相同，其征税对象为城市化区域和开发区内的房屋和土地，不包括折旧资产，税款专门用于征税区域内的城市规划和建设。城市规划税对住宅用地实行税收优惠，税率不高于0.3%。

（二）日本房地产泡沫

第二次世界大战结束后，日本住房缺口高达420万户，因此日本适时开启了不同规模住房的重建项目。第二次世界大战前，日本的住房消费以租赁为主，

在东京，当时的住房租住率高达 90%。第二次世界大战后，随着日本经济长达 20 年的高速增长，越来越多的人口涌入城市。为了缓解城市人口增加带来的社会矛盾、解决住房危机，日本政府推出了一系列的住房建设计划。到 20 世纪 80 年代初，日本已经实现了“1 人 1 户”的住房目标，基本解决了住房供求总量的问题。随着收入的稳步增长，住房需求逐渐从满足基本生活需求转向谋求住房质量提高的需求转变。第二次世界大战后日本住房模式的一大特征是房屋自有率较高。2003 年日本总务省“住宅与土地统计调查”结果显示，在日本全国 4 686.3 万户家庭中，房屋自有率高达 61.2%。

日本政府在该国住房模式中的主要作用表现在住房保障体系与住房市场监管两个方面。日本中等收入以下及低收入家庭可以获得政府在住房购买或租赁方面的资助，而中等收入以上家庭的住房基本靠市场解决。政府为全国 10%的家庭提供了住房方面的帮助。保障手段主要有城市廉租房制度、住宅公团建房供给、低价出售城市住房制度、住宅金融公库建房等。日本政府对房地产市场的监管包括：调整住房供给结构，增加中小户型普通商品房住房供给；遏制住房投资投机性需求扩张和房价、地价过快上涨。

日本经济在经历了 1956—1973 年的高速增长后，在 1973 年开始放缓。日本政府为了提振国民经济建设了大量公共事业以刺激经济复苏。由于政府大量举债，导致银行信贷迅速扩张。同时，随着实体经济的不景气，而房地产价格却一路攀升，越来越多的企业将资金投入到房地产市场，引发了土地投机热潮。1985 年“广场协议”之后，日本政府下调了贴现率，以稳定日元对美元的汇率。但贴现率的下调，又导致了市场利率的下降，在此后长达 27 个月的时间里，日本市场的超低利率，使得货币供给量大大增加。低利率和充足的货币供给刺激了泡沫经济投机活动。在一系列因素推动下，房地产价格开始飙升。从 1980 年到 1990 年，东京、大阪、名古屋等六大城市的商业用地价格上涨了 6 倍多。据统计，在 1990 年日本土地总值达到 15 万亿美元，比美国土地资产总值多 4 倍，而美国的国土面积是日本的 25 倍。从图 4-2 中可以看出，日本在 1988—1990 年间房价不仅高于发达国家中房价最为稳定的德国，也远远高于当时的美国。

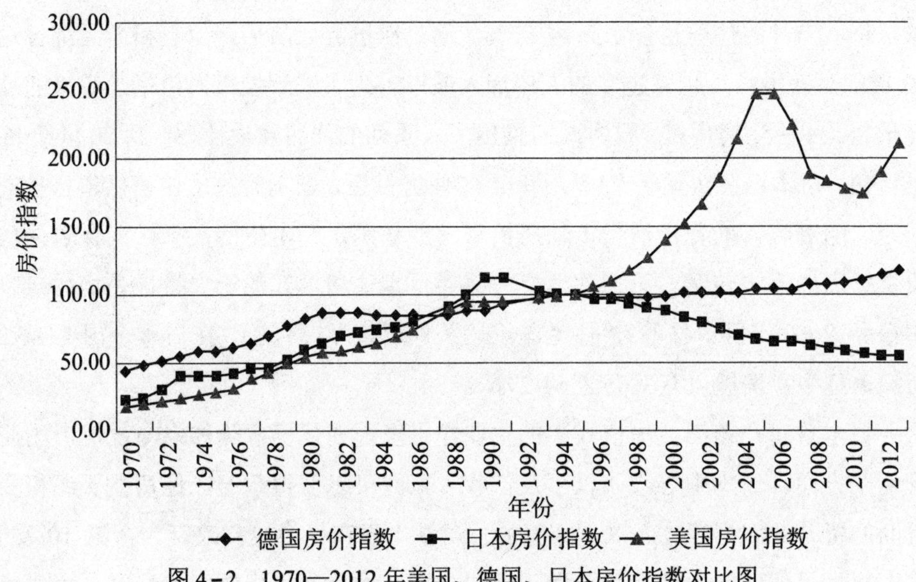

图 4-2　1970—2012 年美国、德国、日本房价指数对比图

（数据来源：国际清算银行，BIS Residential Property Price database. http：//www.bis.org/statistics/pp.htm）

然而，日本的泡沫经济繁荣局面只维持了不到 3 年，从 1990 年秋季开始，日本房价开始直线下跌。日本的泡沫经济破灭后留下了大量的银行坏账，并直接导致日本长达十几年的经济衰退。相应的日本的房地产价格也持续下跌，从图 4-2 中可以看到，在 1998 年以后日本的房价甚至已经远远低于德国。论经济实力，日本和德国长期处于世界第二和第三大经济体。而德国的房价之所以稳定，是因为德国政府提供了大量的公共住房。在德国由于住房租赁市场高度发达，且有政府和法律的保护，德国的租赁住房率高达 59%，年轻人中 77%都是租房居住。这和传统上有购房传统的日本有明显差别。可见房地产泡沫不仅在经济层面冲击了房地产市场，在需求层面对日本的冲击更大。在日本，人们称 1991 年到 2000 年为“失去的十年”。在日本的泡沫经济崩溃十年后，房地产业依然是重灾区。2002 年日本破产倒闭的 28 家上市公司中，有 1/3 是房地产公司。

（三）日本房地产税制对房地产泡沫的抑制作用分析

通过顾红对日本税收制度的回顾[81]，日本从 1950 年开始征收固定资产税。日本的土地税制在 1969 年到 1999 年经历了 7 次较大的调整，只有 1973 年和 1991 年的改革涉及了土地保有环节税制。1973 年，日本政府为抑制因日本列岛

计划而引起的土地投资过热，开征特别土地持有税，对土地保有和所有环节同时征税，如表 4-2 所示。1991 年，面对 20 世纪 80 年代后期日本地价疯狂暴涨的情况，日本政府对土地税制进行了较为彻底的改革，开征地价税抑制土地投机行为，同时在 1994 年提高了固定资产税的评估标准，强化了土地保有环节的税收征管。

表 4-2　日本涉及土地保有环节的税收改革政策细则

年份	改革政策细则
1973 年	开征特别土地持有税，税率为 1.4%，课税对象为 1969 年后取得的超过一定面积的土地。此外，特别土地持有税也对所有环节同时征税
1991 年制定政策，1992—1994 年实施	为提高土地保有成本，开始课征地价税，其征收对象是土地，以固定资产评估额为征税标准，税率为 0.3%
	提高固定资产税的评价标准为市场价格的 70%，此政策从 1994 年开始实施

（来源：巴曙松，刘孝红，尹煜. 物业税改革对房地产市场的影响研究［M］. 北京：首都经济贸易大学出版社，2011：62）.

1973 年开征的特别土地持有税对当时地价的下跌起到一定的助推作用，但由于当时房价下跌的幅度较小，且特别土地持有税税率较低，这种助推作用并不明显，也没有对地价产生根本性影响。1991 年日本计划开征地价税以应对不断暴涨的土地价格，但由于地价税本身极低的税率，以及高扣除额和普遍的减免税条款的影响，其对地价的影响微乎其微。到 1992 年政策实施时，房地产泡沫已经破裂，地价税的实施更进一步打击了房地产市场。

而从 20 世纪 50 年代开征的固定资产税，税率维持在 1.4%，虽然其税率不低，但是由于实际地价和固定资产税评估额之间存在较大的差异，到 1991 年日本全国固定资产税评估额相比土地价值的比率已经下降到 36.3%。因此固定资产税的实际税率非常低，且随着土地价格的不断上升，实际税负在不断下降，野口悠纪雄在其《土地的经济学》测算得出 1989 年东京地区对土地征收的固定税负担率仅为 0.065%。到 1990 年房地产泡沫破裂后，地价迅速下跌，在 1994 年日本政府反而上调了固定资产税的税率，使得本已崩溃的房地产市场雪上加霜。

回顾日本政府对房地产税制的改革，大多集中于土地取得和转让环节而忽略了保有环节，因此房地产税没有发挥出其稳定房地产市场、抑制房地产投机行为的作用。同新加坡政府利用房地产税对房地产泡沫的高效灵活调控相比，日本政府在政策制定上较为迟缓，且政策实施时机也缺乏灵活性，导致在房地产泡沫破裂后，不恰当的增税政策给房地产市场带来更大的打击。

第三节 我国现行房地产税制及对房地产泡沫的影响

一、房地产市场现状分析

1988 年 4 月 12 日颁布的《中华人民共和国宪法修正案》规定土地使用权可以依法转让，为我国土地使用权出让提供了法律依据，也为后来房地产市场发展奠定了基础。

（一）发展历程及市场现状

我国房地产真正开始快速发展始于 1998 年[82]，当年国务院发布《关于进一步深化城镇住房制度改革、加快住房建设的通知》，宣布从 1998 年下半年开始停止住房实物分配，逐步实行住房分配货币化，并明确提出"促使住宅业成为新的经济增长点"。所谓房地产的黄金十年，一般是指从 2003 年到 2012 年的十年。2003 年，《国务院关于促进房地产市场持续健康发展的通知》要求完善住房供应政策，调整住房供应结构，第一次明确房地产是国民经济的支柱产业。此后，我国房地产市场发展迅速，房地产价格迅速上涨，住房建设迅速发展，个人购房比例不断增加，居民的居住条件得到显著改善。我国城镇居民人均居住面积在 1990 年仅为 13.7 m^2，到了 2002 年达到 20.3 m^2，截至 2012 年为 32.9 m^2，根据联合国的相关资料，这一数字已经高于中高等收入国家。

尽管居民的居住条件得到显著改善，但是从需求上讲，我国国内生产总值从 2002 年的 120 332.69 亿元增长到 2013 年的 568 845.21 亿元，人均国内生产总值从 9 398.05 元增长到 41 907.59 元。同期我国的城镇常住人口激增到 7.3 亿人，城镇化率达到 53.7%。这一巨大的需求在很大程度上带动了房地产业过去十年的快速发展。相应的，商品房销售面积从 2002 年的 26 808.29 万 m^2 增长到

2013 年的 130 550.59 万 m^2，商品房销售额在 2013 年年底达到 81 428.28 亿元。图 4－3 和图 4－4 分别反映了我国房地产销售额及销售面积从 2002 年到 2013 年随着人均国内生产总值的变化而变化的趋势。

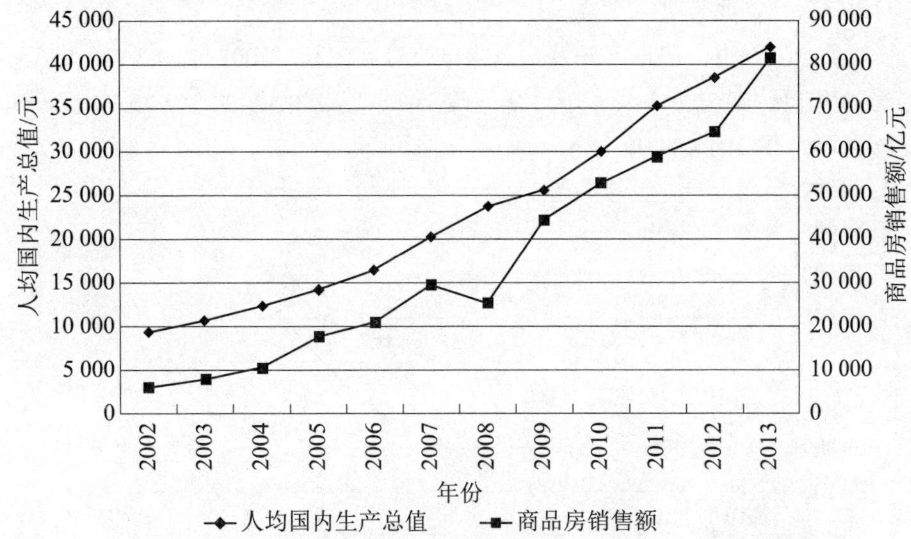

图 4－3　2002—2013 年我国商品房销售额同人均国内生产总值关系图

（数据来源：国家统计局网站）

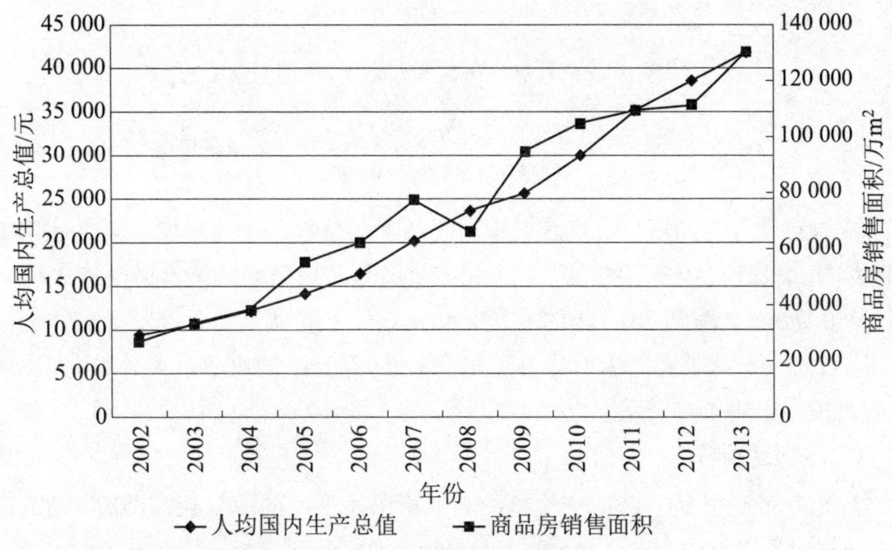

图 4－4　2002—2013 年我国商品房销售面积同人均国内生产总值关系图

（数据来源：国家统计局网站）

根据《国家新型城镇化规划（2014—2020 年）》制定的目标，到 2020 年我国常住人口城镇化率要达到 60%左右，户籍人口城镇化率达到 45%左右，努力实现 1 亿左右农业转移人口和其他常住人口在城镇落户。因此，城镇化仍将继续为中国房地产业带来巨大需求。

从供给上来讲，房地产开发企业当年投资完成额，2002 年为 7 790.2 亿元，到 2013 年已达到 86 013.38 亿元。房屋竣工面积从 2002 年的 34 975.75 万 m^2 增长到 2013 年的 101 434.99 万 m^2。如图 4-5 所示。

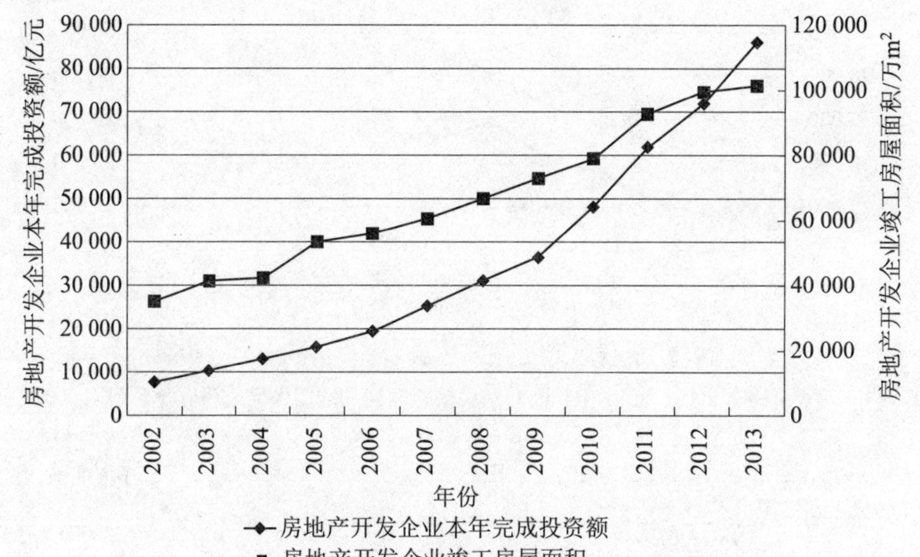

图 4-5　2002—2013 年房地产开发企业投资额与竣工房屋面积

（数据来源：国家统计局网站）

在供需两旺的情况下，我国城镇居民的人均总收入快速增加，从 2002 年的 8 177.4 元增长到 2013 年的 29 547.1 元，全国商品房平均销售价格也从 2002 年的 2 250 元/m^2 上涨到 2012 年的 5 790.99 元/m^2。在全国房价最高的北京、上海、广州、深圳等一线城市，标价几万元/m^2 到 10 万元/m^2 的房子也不时登上媒体报道的头条。如图 4-6 所示。

（二）宏观调控

房地产是消费品，房地产价格的高低事关民生。面对日益高涨的房地产价格，以及民众不断攀升的不满情绪，中国政府从 2003 年开始相继出台了一系列旨在稳定房价的政策，因此，2003 年既是房地产“黄金十年”的开端之年，同

时也被称为房地产宏观调控的政策年。根据中华人民共和国中央人民政府网站资料整理得到主要政策汇总如表 4-3 所示。

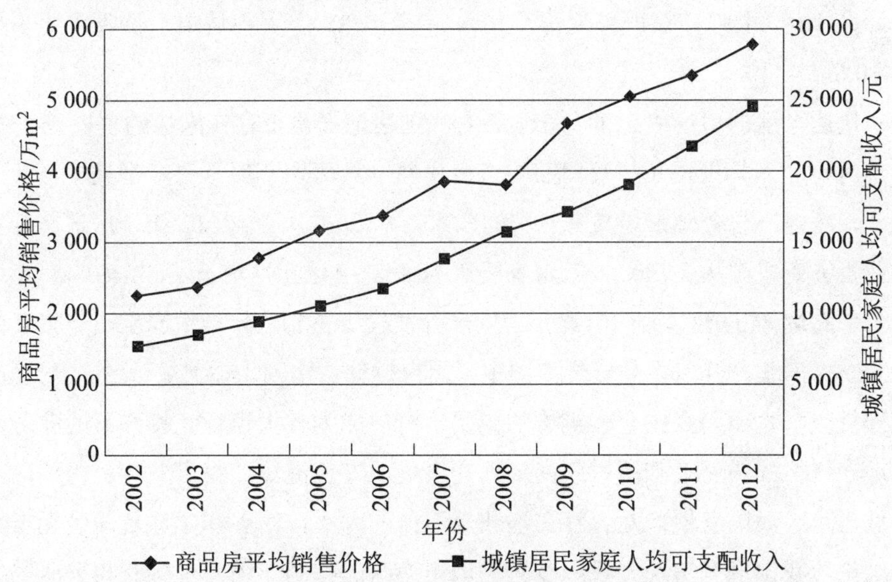

图 4-6　2002—2012 年我国商品房平均销售价格和城镇居民人均收入变化

（数据来源：国家统计局网站）

表 4-3　2003—2013 年房地产宏观调控政策概览

时间	主 要 政 策
2003 年	国务院《关于促进房地产市场持续健康发展的通知》，明确将房地产行业作为国民经济的支柱产业
2004—2007 年	国务院各部门从土地政策、税收政策及金融政策各个层面调控房地产市场
2008 年	金融危机爆发成为政策分水岭
2009—2013 年	2009 年下半年房价恢复上涨，国务院相继推出加快建设保障房，房地产税改革开始试点，提高二套房贷等政策

（资料来源：中央人民政府网站整理）

然而这些政策并没能遏制住房价的快速上涨，以国家统计局公布的城镇居民人均居住面积及城镇居民年人均总收入为准，我国城镇居民在 2002 年购买一所房子需要花费全家人 6.27 年的总收入，到了 2012 年则需要 7.07 年，在北京需要13.62年，上海为10.34年。这一指标被称为房价收入比，是国际上衡量一国是否存在房地产泡沫的重要指标，通常认为房价收入比在6以内存在轻微泡沫，在10以上则存在严重泡沫，2014年全国35个大中城市房价收入比平均为10.6。

快速上涨的房价引起了专家学者对我国房地产是否存在泡沫的争议。同时，由于房地产兼具投资品与消费品的二重属性，且房地产属于资金密集型行业，因此，房地产与金融市场具有紧密的联系。从2002年到2012年，房地产开发企业投资完成额从7 790.92亿元增长到71 803.79亿元，增长了821.63%，年均增长率高达74.69%。到2012年房地产开发投资占到当年城镇固定资产投资的19.68%。房地产开发企业资金来源中，国内贷款占比为15.30%。另外，房地产抵押贷款一直作为我国金融机构的优质资产，成为各大银行竞相开展的业务，房地产价格的快速上涨所引起的房地产市场的潜在泡沫，将引发金融机构的系统性风险。我国房地产是否存在泡沫及泡沫的大小，商界和学界目前尚无一致的结论，我国现有房地产税制度对房地产泡沫的抑制作用，也鲜有相关研究。但鉴于泡沫破灭后的严重危害性，有必要对此进行进一步的研究。

二、我国房地产市场泡沫度量

测度房地产泡沫方法一般有指标法、统计法和理论价格法，这三种方法各有优劣，本书首先选用指标法对中国房地产市场的现状进行分析，以判断房地产市场是否存在泡沫，接着利用理论价格法对房地产泡沫的大小进行度量。

选取的指标可以分为需求类指标、供给类指标和金融支持类指标。根据数据的可获得性，并结合国内外学者的相关研究，本书选取的指标如下。

（一）需求类指标

选取的需求类指标为：房价收入比、房地产价格增长率/GDP增长率[83]。

根据徐滇庆[84]的研究成果，房价收入比定义为平均商品房价格除以平均每户家庭全部年收入，平均商品房价格等于商品房平均销售价格乘以城镇居民人均居住面积乘以每户平均人口数，平均每户家庭年收入应等于城镇居民人均全部年收入乘以每户平均人口数。该指标反映的是居民的购买承受能力，大部分学者参考联合国人居中心 1998 年对 96 个国家和地区的统计结果，认为大多数国家的房价收入比为 3～7 之间比较合理，低收入国家由于经济发展较为落后，房价收入比会略高于这个数字。徐滇庆认为各国统计数据选取不同，此指标缺乏横向比较性，但他认为可以通过对比一国以内房价收入比的变化情况来作为衡量居民购买能力的指标。本书选取 2002 年到 2012 年的数据计算出房价收入比，并计算出北京、上海、天津、重庆四个直辖市的房价收入比进行对比研究。

$$房价收入比=\frac{平均商品房价格}{平均每户家庭年收入}=\frac{商品房平均销售价格\times人均居住面积\times每户平均人口数}{城镇居民人均总收入\times每户平均人口数} \tag{4-4}$$

房地产价格增长率/GDP 增长率也可表示为商品房平均销售价格增长率/GDP 增长率，反映的是虚拟经济增长速度相对于实体经济的变化情况，比值越大则泡沫程度越大。一般来说这个指标测度泡沫的临界点是：轻微泡沫为 1.3～2，程度严重的泡沫为大于 2 或者小于–5[85]。需求类指标泡沫测度如表 4–4 所示。

表 4–4　需求类指标泡沫测度

年份	国内生产总值/亿元	商品房平均销售价格/（元/m²）	城镇居民人均总收入/元	城镇居民家庭平均每户家庭人口/人	城镇居民人均居住面积/m²	房价收入比	房地产价格增长率/GDP增长率
2012	519 470.1	5 790.99	26 959	2.9	32.9	7.07	0.83
2011	473 104.05	5 357.1	23 979.2	2.9	32.7	7.31	0.36
2010	401 512.8	5 032	21 033.4	2.9	31.6	7.56	0.42
2009	340 902.81	4 681	18 858.1	2.9	31.3	7.77	2.71
2008	314 045.43	3 800	17 067.8	2.9	30.3	6.75	–0.09
2007	265 810.31	3 863.9	14 908.6	2.9	27.9	7.25	0.65

续表

<table>
<tr><th>年份</th><th>国内生产总值/亿元</th><th>商品房平均销售价格/（元/m²）</th><th>城镇居民人均总收入/元</th><th>城镇居民家庭平均每户家庭人口/人</th><th>城镇居民人均居住面积/m²</th><th colspan="2">房价收入比</th><th colspan="2">房地产价格增长率/GDP增长率</th></tr>
<tr><td>2006</td><td>216 314.43</td><td>3 366.79</td><td>12 719.2</td><td>3</td><td>27.1</td><td colspan="2">7.17</td><td colspan="2">0.37</td></tr>
<tr><td>2005</td><td>184 937.37</td><td>3 167.66</td><td>11 320.8</td><td>3</td><td>26.1</td><td colspan="2">7.30</td><td colspan="2">0.89</td></tr>
<tr><td>2004</td><td>159 878.34</td><td>2 778</td><td>10 128.5</td><td>3</td><td>25</td><td colspan="2">6.86</td><td colspan="2">1.00</td></tr>
<tr><td>2003</td><td>135 822.76</td><td>2 359</td><td>9 061.2</td><td>3</td><td>24.1</td><td colspan="2">6.27</td><td colspan="2">0.38</td></tr>
<tr><td>2002</td><td>120 332.69</td><td>2 250</td><td>8 177.4</td><td>3</td><td>22.8</td><td colspan="2">6.27</td><td colspan="2">—</td></tr>
<tr><td colspan="6">判断标准</td><td>10以上</td><td>6以内</td><td>大于2或小于−5</td><td>1.3～2</td></tr>
<tr><td colspan="6">泡沫程度</td><td>严重</td><td>轻微</td><td>严重</td><td>轻微</td></tr>
</table>

（数据来源：国家统计局网站及计算整理）

用全国数据所做的房地产泡沫度量结果显示，只有房价收入比一项指标显示从 2002 年到 2012 年我国房地产市场均存在轻微泡沫。且房价收入比从 2002 年到 2009 年一直保持上升趋势，2010—2012 年这三年有小幅下降，这表明随着房价和居民家庭收入的增加，房价的增长速度更快，我国居民的房价承受能力在下降。我们用同样方法计算北京、天津、上海、重庆四个直辖市的房价收入比，发现北京从 2006 年起，上海从 2009 年起，房价收入比开始大于 10 且还有明显的上升趋势。天津和重庆分别从 2004 年和 2009 年起，这一指标数值处在 6～10 的区间，且有上升趋势。具体如图 4-7 所示。

另一个需求类指标房地产价格增长率/GDP 增长率，显示 2002—2012 年均没有达到轻微泡沫的程度，但是随着 2009 年中央政府 4 万亿刺激计划的出台，这一指标迅速上升到 2.71，达到严重泡沫的程度。

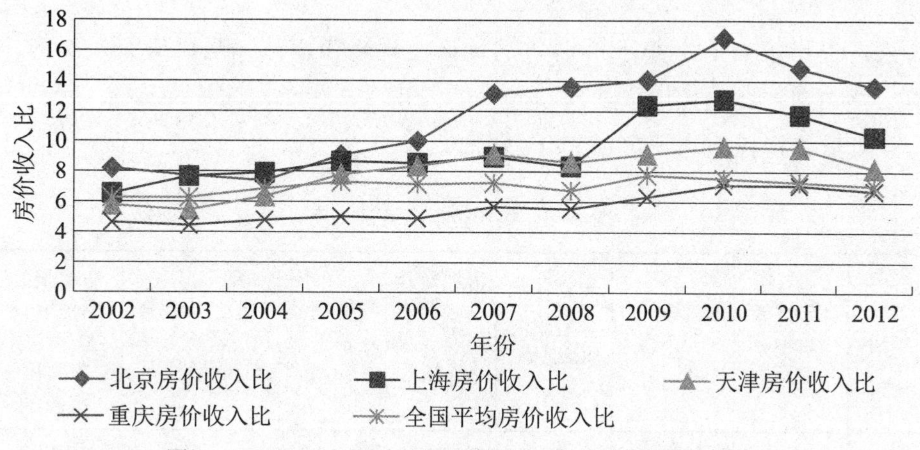

图 4－7　2002—2012 年四个直辖市与全国平均房价收入比

（数据来源：国家统计局网站及计算整理）

（二）供给类指标

供给类指标主要考察房地产市场是否存在供给过度的情况，选取的指标有：房地产投资额增长率/GDP 增长率，房地产投资额占全社会固定资产总额的比重，以及当年施工面积增长率与销售面积增长率的比值。

房地产开发投资额增长率/GDP 增长率用于衡量房地产开发投资的增长速度与经济总量变化的相对值。房地产开发投资是未来房屋的供给量对需求量的反映，在经济总量相对稳定的情况下，房地产需求是有限的。如果房地产投资持续快速增长，便会出现潜在的房屋需求无法平衡供给的情况。这一比值一般不应该超过 2 倍，大于 2 便说明存在泡沫[86]。房地产开发投资/全社会固定资产投资总额用于度量整个社会固定资产结构的合理程度。研究表明，当该指标值为 0.3 时，可作为泡沫的衡量临界点，小于 0.3 时，没有泡沫；大于 0.3 时，产生泡沫。本书选取城镇固定资产投资总额代替全社会固定资产投资总额[87]。

房屋施工面积是未来潜在的房屋供给量，销售面积反映了房屋的需求量，所以，施工面积的增长要求未来必须有与之匹配的需求增长，若供给量的增长远大于需求量的增长，那么房地产市场便会出现泡沫。用指标“房屋施工面积增长率/房屋销售面积增长率”反映这种供给是否有与之相匹配的需求关系，当比值大于 1 小于 2 时，房地产出现轻微泡沫；当比值大于 2 时，房地产出现严重泡沫[88]。

供给类指标泡沫测度如表 4-5 所示。

表 4-5　供给类指标泡沫测度

<table>
<tr><th>年份</th><th>国内生产总值/亿元</th><th>城镇固定资产投资/亿元</th><th>商品住宅房屋施工面积/万 m²</th><th>房地产开发企业本年完成投资额/亿元</th><th>住宅商品房销售面积/万 m²</th><th colspan="2">房地产开发投资额增长率/GDP 增长率</th><th colspan="2">房屋施工面积增长率/房屋销售面积增长率</th></tr>
<tr><td>2012</td><td>519 470.1</td><td>364 854.15</td><td>428 964.05</td><td>71 803.79</td><td>98 467.51</td><td colspan="2">1.65</td><td colspan="2">5.30</td></tr>
<tr><td>2011</td><td>473 104.05</td><td>302 396.06</td><td>387 705.98</td><td>61 796.89</td><td>96 528.41</td><td colspan="2">1.57</td><td colspan="2">6.87</td></tr>
<tr><td>2010</td><td>401 512.8</td><td>243 797.79</td><td>314 760.12</td><td>48 259.4</td><td>93 376.6</td><td colspan="2">1.87</td><td colspan="2">3.02</td></tr>
<tr><td>2009</td><td>340 902.81</td><td>193 920.39</td><td>251 328.78</td><td>36 241.81</td><td>86 184.89</td><td colspan="2">1.89</td><td colspan="2">0.28</td></tr>
<tr><td>2008</td><td>314 045.43</td><td>148 738.3</td><td>222 891.8</td><td>31 203.19</td><td>59 280.35</td><td colspan="2">1.29</td><td colspan="2">-1.25</td></tr>
<tr><td>2007</td><td>265 810.31</td><td>117 464.47</td><td>186 788.43</td><td>25 288.84</td><td>70 135.88</td><td colspan="2">1.32</td><td colspan="2">0.87</td></tr>
<tr><td>2006</td><td>216 314.43</td><td>93 368.68</td><td>151 742.72</td><td>19 422.92</td><td>55 422.95</td><td colspan="2">1.30</td><td colspan="2">1.49</td></tr>
<tr><td>2005</td><td>184 937.37</td><td>75 095.1</td><td>129 078.38</td><td>15 909.25</td><td>49 587.83</td><td colspan="2">1.33</td><td colspan="2">0.41</td></tr>
<tr><td>2004</td><td>159 878.34</td><td>59 028.19</td><td>108 196.54</td><td>13 158.25</td><td>33 819.89</td><td colspan="2">1.67</td><td colspan="2">1.36</td></tr>
<tr><td>2003</td><td>135 822.76</td><td>45 811.7</td><td>91 390.49</td><td>10 153.8</td><td>29 778.85</td><td colspan="2">2.36</td><td colspan="2">0.97</td></tr>
<tr><td>2002</td><td>120 332.69</td><td>35 488.76</td><td>73 208.65</td><td>7 790.92</td><td>23 702.31</td><td colspan="2"></td><td colspan="2"></td></tr>
<tr><td colspan="6">判断标准</td><td>大于 2</td><td>1~2</td><td>大于 2</td><td>1~2</td></tr>
<tr><td colspan="6">泡沫程度</td><td>严重</td><td>轻微</td><td>严重</td><td>轻微</td></tr>
</table>

（数据来源：国家统计局网站及计算整理）

供给类指标显示，房地产供给量逐年上升，供给量有超过需求量的趋势，房屋施工面积增长率/房屋销售面积增长率从 2010 年起达到严重泡沫的程度，且有继续上升的趋势，导致房地产企业存量较大，消化库存压力成为这一时期房地产企业的主要任务，这一趋势已经在 2014 年的房地产市场上有所反映。

（三）金融支持类指标

房地产市场与金融市场密切相关，根据周京奎 2004 年对日本和泰国房地产市场的研究[89]，选取房地产开发企业国内贷款增长率/金融机构国内贷款总额增长率作为金融支持指标。这个指标用来衡量房地产业对银行资金的依赖程度。数值越大，说明房地产业对银行资金的依赖程度越大。若该比值在 1～2 之间，则为轻微泡沫；若该比值大于 2，则为严重泡沫[90]。金融支持类指标泡沫测度如表 4-6 所示。

表 4-6　金融支持类指标泡沫测度

年份	金融机构国内贷款总额/亿元	房地产开发企业国内贷款额/亿元	房地产开发企业国内贷款增长率/金融机构国内贷款总额增长率	
2012	629 910	14 778.39	0.88	
2011	547 947	13 056.8	0.27	
2010	479 196	12 563.7	0.53	
2009	399 685	11 364.51	1.56	
2008	303 468	7 605.69	0.53	
2007	261 691	7 015.64	1.92	
2006	225 347	5 356.98	2.33	
2005	194 690	3 918.08	2.60	
2004	178 198	3 158.41	0.05	
2003	158 996	3 138.27	1.96	
2002	131 294	2 220.34		
判断标准			大于 2	1～2
泡沫程度			严重	轻微

（数据来源：国家统计局网站及计算整理）

金融支持类指标，房地产开发企业国内贷款增长率/金融机构国内贷款总额增长率受国家宏观调控影响较大，因此呈现一定的波动性，总体趋势是在轻微泡沫标准值上下浮动。

综上，利用全国数据测度的结果表明我国房地产泡沫少数指标处在严重泡沫标准值以上，大部分指标值在轻微泡沫标准上下浮动，且有上升的趋势，房地产市场存在轻微泡沫。由于数据选取的是全国的平均数值，从房价收入比这项指标来看，北京、上海等城市即远远高于全国平均值，表明两个城市存在严重的房地产泡沫，房地产的不可移动性使得房地产市场具有很强的地域性，因此有必要对不同城市的房地产泡沫进行更精确的度量。

三、现行房地产税制在抑制房地产泡沫上存在的问题

税收作为国家宏观调控和经济分配的重要手段，为各级政府提供了主要的财政收入。在 2003 年到 2014 年政府的一系列宏观调控中，土地、金融等政策组合是运用最多的工具，但是上述政策组合工具在短时期内对房价的增长有一定的抑制作用。从上节的分析中发现，就全国而言，城镇居民对房价的承受能力正在下降，在部分热点城市，这种情况更加严重。因此，有必要利用税收手段进一步加强对房地产市场的调控。

房地产税属于财产税。财产税是以纳税人所有或属于其支配的财产为课税对象的一类税收。它以财产为课税对象，向财产的所有者征收。对各种财产课征的税，按一般税收分类方法，统称为财产税。财产税属于对社会财富的存量课税。财产税类主要包括房产税、财产税、遗产税和赠予税等税种。财产税与流转税、所得税一起构成现代国家三大税收体系，是一国中重要的财政来源。

（一）保有环节税收占比低，无法有效抑制房地产投资、投机

我国现行的房地产税制是在 1994 年税制改革的基础上逐步形成的，涉及的主要税种包括营业税、印花税、房产税、城市房地产税、城镇土地使用税、土地增值税、耕地占用税和企业所得税等 12 种税，其中，直接将房地产作为征税对象的有 6 个税种。这 6 种税是本书研究的重点，各税种的课税对象、计税依据及税率如表 4-7 所示。现行的房地产税制涉及土地使用、土地建设、企业所得、房产或土地转让交易等房地产开发到保有的整个环节，但是不难看出这

些税收多集中在开发和流转环节，房地产保有环节的税收较少。

表 4－7　我国房地产相关税收

税种分类	税种	课税对象	计税依据	税率
开发流转环节	耕地占用税	占用耕地建房或者从事其他非农业建设的单位和个人	实际占用的耕地面积	0.5～10 元/m^2
	土地增值税	凡有偿转让国有土地使用权、地上建筑物及其他附着物并取得收入的单位和个人	纳税人转让房地产所取得的收入减除规定扣除项目金额后的余额为增值税	30%、40%、50%、60%（四级超率累进税率）
	契税	在中国境内转移土地、房屋权属，承受的单位和个人	房屋产权转移时双方当时签订的契约价格	3%～5%
	城市维护建设税	从事工商经营，缴纳“三税”（即增值税、消费税和营业税，下同）的单位和个人	纳税人实际缴纳的“三税”之和	5.5%
保有环节	城镇土地使用税	在城市、县城、建制镇、工矿区范围内使用土地的单位和个人	纳税人实际占用的土地面积	0.5～10 元/（m^2·年）
	房产税	经营性房屋产权所有人	房产原值一次减除 10%～30%后的余值（房产出租的，以房产租金收入为房产税的计税依据）	1.2%（12%）/年

（来源：巴曙松，刘孝红，尹煜. 物业税改革对房地产市场的影响研究［M］. 北京：首都经济贸易大学出版社，2011：193.）

从 2002 年起我国的商品房平均销售价格开始快速上升，进而在部分城市形成房地产泡沫，与此同时，房地产税收也在快速上升，从 2002 年的 1 143.24 亿元增长到 2012 年的 13 062.74 亿元，年均增长率为 27.66%。如图 4－8 所示，可以清楚地看到商品房平均销售价格增长率与房地产税收增长率的关系。尽管中国政府也曾运用税收手段对房地产市场进行调控，但是并未取得成效，可见现有房地产税税收收入虽然逐年增长，但并没有起到抑制房价

快速上涨的作用。

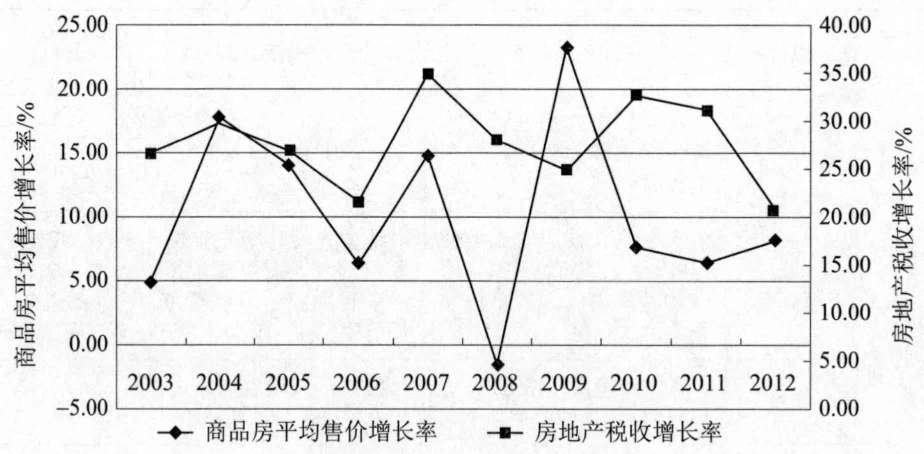

图 4-8　2003—2012 年商品房平均销售价格增长率与房地产税收增长率
（数据来源：国家统计局网站及计算整理）

根据我国现行的房地产税收制度，与房地产直接相关的税种有耕地占用税、土地增值税、契税、房产税及城镇土地使用税等五种，在税种上主要集中在房地产的开发及流转环节，从表 4-8 可以看出，从 2002 年到 2012 年房地产保有环节税收占房地产相关税收比重从 31.42%下降到 22.31%。相应的开发及流转环节的税收则处于不断上升的趋势。房地产税收制度中开发、流转环节税负比保有环节税负重的制度设计，且保有环节房产税仅面向经营性房产征税，使得我国的房地产税无法有效调节房地产市场，造成住房的持有成本过低，对房地产市场的投资、投机买房等缺乏有效遏制。中国政府在利用税收手段对房地产市场进行调控时，只能调节流转环节税收，由于税负的转移效应，炒房者可以轻易将税负转嫁给购房者，这种税收调控容易误伤真正需要购买首套住房和改善性住房的刚需群体。当政府提高房地产流转环节的税收时，反而引起房价的上涨，这从 2013 年“新国五条”规定二手房交易按 20% 征收个人所得税后房价的上涨可以证明这一点。因此，现行的房地产税收制度无法作为房地产市场的宏观调控手段，

抑制房地产泡沫的膨胀。

表 4-8 2002—2012 年我国地方财政收入及房地产税相关税收

单位：亿元

税收年份	地方财政税收收入	房产税	城镇土地使用税	耕地占用税	土地增值税	契税	城市建设维护税	房地产相关税收占地方税收比重/%	保有环节税收所占比重/%
2002	7 406.16	282.38	76.83	20.51	57.34	239.07	467.11	15.44	31.42
2003	8 413.27	323.86	91.57	37.28	89.9	358.05	546.71	17.20	28.70
2004	9 999.59	366.32	106.23	75.04	120.09	540.1	669.74	18.78	25.17
2005	12 726.73	435.96	137.34	140.31	141.85	735.14	791.02	18.71	24.07
2006	15 228.21	514.85	176.81	231.47	171.12	867.67	933.43	19.01	23.89
2007	19 252.12	575.46	385.49	403.1	185.04	1 206.25	1 148.7	20.28	24.61
2008	23 255.11	680.34	816.9	537.43	314.41	1 307.54	1 336.3	21.47	29.99
2009	26 157.43	803.66	920.98	719.56	633.07	1 735.05	1 419.92	23.83	27.67
2010	32 701.49	894.07	1 004.01	1 278.29	888.64	2 464.85	1 736.27	25.28	22.96
2011	41 106.74	1 102.39	1 222.26	2 062.61	1 075.46	2 765.73	2 609.92	26.37	21.45
2012	47 319.08	1 372.49	1 541.71	2 719.06	1 620.71	2 874.01	2 934.76	27.61	22.31

（数据来源：国家统计局网站及计算整理）

（二）多政策目标下的多种税收无法有效抑制房地产泡沫

抑制房地产泡沫需要包括税收政策在内的金融、土地等一系列政策相互协调。我国房地产相关税收有 12 种之多，与房地产直接相关的有 6 种。这些税在纳税对象、纳税依据及税率上均有较大的差别。同时各个税种的政策目标过于专门化，如城镇土地使用税只用于调节土地级差收入，房产税则只用于调节企业和个人的财产收入。房地产税的整体政策目标不清晰，各税种之间的政策目标不协调。同时，由于各税种在计税方式上的不同，有的以面积为课税标准，有的以交易价格为课税标准，有的以投资总额为课税标准，有的又以评估价格为课税标准，不同的计税依据和政策目标的不协调，不仅使得税收征收难度大，也使得房地产税作为调控手段无法对房地产市场进行有效调控。

同时房地产税作为地方政府重要的收入来源，由于其税种繁多，征收难度较大，征收成本较高，这就影响了政府的财政收入。由于我国分税制改革后，地方政府事权较多而财权较少的现状，地方政府为了缓解收入的不足，都有依靠土地财政的强烈动机。财政部公布了 2013 年全国财政决算情况，土地出让金收入决算数为 39 073 亿元，是预算数的 152.6%，土地出让金在 2011 年达到 3.11 万亿元巅峰后再创历史新高。据《中国经济周刊》、中国经济研究院联合研究并发布的《我国 23 个省份土地财政依赖度排名》报告，29 个省份（新疆、西藏、港澳台除外）的审计公告中，在介绍“政府性债务管理中存在的主要问题”时，有 23 个省级审计部门都明确将“地方债依赖土地收入偿还”列入其中。从土地财政依赖度，即“土地偿债在政府负有偿还责任债务中占比”来看，在 23 个省及四个直辖市中，浙江省以 66.27%排名第一；天津市以 64.56%排名第二。

地方政府对土地财政的过度依赖，推动了土地价格的上涨，同时也带动了房地产价格的上涨。因此，房地产税税种过多，政策目标缺乏协调统一等我国房地产税制存在的问题，在一定程度上推动了房地产泡沫的膨胀。

第五章

房地产税制改革方案设计及选择

第一节　我国房地产税改革的不同方案

2003 年 10 月，中共中央十六届三中全会《关于完善市场经济体制若干问题的决定》首次提出不动产领域的房地产税改革。众多学者专家围绕我国房地产税制度中存在的诸多问题，对房地产税改革提出了许多改革方案，经过梳理主要有三种代表性的方案。

方案一是合并房地产保有环节的房地产税费，合并的税种为房产税和城镇土地使用税。如王海勇 2005 年提出我国将现有房地产保有环节的房产税和城市房地产税合并，开征统一的房地产税[91]。

方案二是将房地产开发、流转和保有环节的有关房地产税费合并为新的房地产税，但不涉及土地出让金。邓宏乾主张归并现有的城市房地产税、房产税、城镇土地使用税、契税、耕地占用税和房地产开发领域一部分行政事业性收费，简并税费，以房地产市场评估值为课税税基，按年征收[92]。

方案三是对现有的房地产税费、土地出让金进行综合调整。胡孝伦提出单位和个人以缴纳房地产税（取得土地使用权环节）的形式同样可以取得土地使用权[93]；薛培红认为应将现行土地增值税、城镇土地使用税、房产税、城市房地产税、土地出让金等税费合并，转化为房地产保有者每年缴纳的房地产税[94]。

一、对房地产保有环节税收合并的改革方案

（一）详细方案

我国现行与房地产直接相关的税收中，仅有房地产保有环节的房产税和城镇土地使用税两个税种，其征税范围、课税对象、计税依据及税率见表 4-7。方案一对这两个税种进行合并，同时对现有的房产税的税基进行改革，使其由仅向经营性房产征税扩展到向自有房产征税，但是给予居民正常住房需求税收减免，同时税基的评估由账面成本改为市场评估。

对于城镇土地使用税，现有征收方式是按单位面积征收固定税额，随着城镇化的快速推进，城市土地快速升值，按现有方式征收，政府无法获得土地增值带来的收益，因此，改革后的房地产税中的土地按实际评估值进行征收。

新的房地产税税率采用累进税率，参考发达国家经验，税率应保持在较低水平。

（二）方案一对房地产泡沫的影响

方案一实施后将对房地产市场的供给、需求、投机产生影响，从而对房地产泡沫起到抑制作用。

1. 对房地产市场供给的影响

首先，方案一实施后对土地按照每年评估的财产价值征税，当土地增值额扣除房产税后余额低于银行同期利息，开发商囤积土地将无利可图。方案一的实施增加了开发商囤积土地、捂盘惜售的成本，有利于房地产开发商加快土地开发，增加市场供给。

其次，房地产税一（为便于区分，称为房地产税一，下同）开征增加了投资者持有房地产的成本，会促使更多的二手房进入市场，降低房地产的空置率，提高房产的使用效率。同时由于大户型的住房的持有成本较高，对大户型住房的需求将会减少，开发商将会减少大户型住房的开发，从而对市场的供应结构起到较好的调节作用。

2. 对房地产市场需求的影响

房地产市场中投资性需求的增加是房地产泡沫形成的主要原因。房地产税

一开征后，由于保有房产的成本提高，房地产的投资收益下降，投资回收期延长，不确定风险增加，将促使房地产投资需求的减少。

3. 对实际房价具有稳定作用，降低房地产市场的过度投机

随着房地产税的开征，在房地产市场上一方面供给增加，另一方面投资需求减少，这将共同引起房地产价格下降，房地产市场的投机将会降低。

由第二章中房地产泡沫的定义可知，房地产实际价格由经济基本面决定的基本价格和由投资、投机等因素决定的非基本价格组成。房地产泡沫主要由非基本价格决定。房地产税一的开征影响经济基本面的供给和需求，从而引起房地产实际价格的下降，并对房地产的投资性、投机性需求起到遏制作用，进而对房地产泡沫起到抑制作用。

方案一旨在解决现有房地产保有环节税基较窄、不对非经营性房产征税的问题。提高持有房地产的成本，减少投资、投机性住房需求，同时可以增加地方政府的财政收入。

方案一将计税依据由房产的账面成本为基础转为市场评估，将城镇土地使用税的计税依据由对使用土地面积征收转为土地的市场评估值。房产和土地计税依据的改变使得政府能够分享到房价和地价上涨行情收益的同时，能够利用税收手段对房价的过快上涨进行调节。

方案一将两种税收合并为一种税收减少了税收种类，且由于税基扩大增加了税收收入，新税收对房地产市场的影响大于原先两种税收对房地产市场的影响，政府可以通过仅调整一种税收而获得比原来同时调整两种税收更大的效果。

二、对房地产流转及保有环节税收合并的改革方案

（一）详细方案

对房地产流转及保有环节税收合并，即将我国现有房地产开发、流转环节直接相关的耕地占用税、土地增值税、契税与房地产保有环节的房产税和城镇土地使用税进行合并，成为新的房地产税。方案二也将自有住房纳入征税范围，对合理范围内的居民自有住房免税，税基的评估方法改为按市场价值评估。税率采用累进税率，参考发达国家经验，税率应保持在较低水平。

1. 现有耕地占用税，并入房地产税

税基按照耕地的实际评估值进行确定。现阶段耕地占用税是按照实际占用耕地的面积，按 0.5～10 元/m^2 的税率征收，这一低税率已经远远落后于我国目前的经济发展状况。由于耕地占用税税率过低，导致的直接后果就是征用农地的成本极低，同时给予失地农民的补偿较低，由此而引发的对农民利益侵害的事件时有发生。在一些发达地区，政府可以凭借其财政能力给予农民以较高额的补偿，但是在全国范围来看，并不是所有的农民都能获得高额或适度的补偿。这造成了新的不公平。同时，对农地的大量征收，必然导致耕地面积的快速减少，威胁国家的粮食安全。

2. 取消土地增值税

现有土地增值税针对有偿转让国有土地使用权、地上建筑物及其他附属物并取得收入的单位和个人。对其转让过程中的增值部分进行征税，因此其在本质上应属于增值税的范畴。因此，改革后房地产转让所得增值额并入企业所得税或个人所得税进行征收。

3. 契税并入房地产税，减少重复征税

在土地一级市场，当政府出让土地的使用权时，受让方需要按照土地交易额全额缴纳契税；在二级市场，通常把土地使用权转让与房屋所有权转让视为一个整体（无论是否有建筑物的转让），统称为房地产转让，一般情况下以房产交易额为税基征收契税。不难看出，两次征税都是以交易额的全额为征税对象，而房产交易额中包含着已纳税的土地成本。另外，针对同一房产，依照现行契税制度规定，在每次转让时都要依法征收契税，这种重复征收增加了税收负担，实际上也增加了房产的交易成本，不利于房产的流转。

按现有税制，在转让合同签订时，领受规定凭证的单位和个人不仅要缴纳印花税还要缴纳契税，这就导致交易成本增加，对房地产的交易进行了遏制，不利于二手房市场的培育。

因此，将契税并入房地产税后，转让交易时只需缴纳印花税，查询当年房地产税是否交齐即可，不再重复征收契税。

同方案一相比，方案二进一步减少了我国现有房地产税相关税种，对房地产的开发、流转、保有环节的税费进行了合并，简化了税费，达到开发、流转、

保有环节税费相均衡的效果，有助于完善我国的税收体系。

（二）方案二对房地产泡沫的影响

方案二对房地产泡沫的影响仍按照对房地产市场供给、需求及投机来进行分析。

1. 对房地产市场供给的影响

同方案一类似，方案二实施后由于房地产持有成本的增加，房地产市场中二手房的供给量将会增加。在供给结构上，高端住房的供给量将会减少。但是对开发商来说，由于同方案一相比，方案二中的房产税增加了房地产开发、流转环节的耕地占用税、土地增值税、契税等，是否增加房地产的供给量，取决于合并后的房地产税二（为便于区分，以下通称房地产税二）同各税种原来整体税负水平之间的差别，若房地产税二税负水平低于原有各税种之和，则房地产商的开发成本将会降低，房地产市场的供给量将会增加。反之，房地产市场的供给量将会降低。房地产税二税负的高低主要取决于房地产税改革是否能对房地产开发、流转环节的不合理收费进行清理。

2. 对房地产市场需求的影响

房地产税负从房地产开发、流转环节转向房地产保有环节。房地产保有环节税负的增加会降低房地产的投资性需求，但同时由于已对房地产的正常自住需求给予税收减免，因此不会影响到自住需求。

3. 实际房价会下降，投机性需求减少

房地产市场供给量的增加，需求的减少，会引起实际房价的下降，改变投机者的投机预期，投机需求减少。

决定房地产泡沫的基本价格和非基本价格均下降，对房地产泡沫起到抑制作用。同时由于房地产税二将房地产开发、流转环节税收进行合并，并对不合理的收费进行清理，同房地产税一相比，对房地产市场的影响更大，因此，对房地产泡沫的抑制作用更大。

三、对土地出让金及房地产流转、保有环节税收合并的改革方案

（一）详细方案

方案三在方案二的基础上将土地出让金缴纳采用年租制度。广义的土地出

让金是指国有土地使用权出让时总的交易金额，包括一级开发建设补偿费和政府收益两大部分。其中一级开发建设补偿费又包括征地、拆迁和水、电、路等大市政配套建设费用，以及政府规定的较低水平的一级开发商利润，此部分约占土地出让金收入的 80%。由于一级开发建设补偿费是由二级开发商支付给一级开发商的，所以纳入财政收入的只是政府收益这一部分。因而纳入房地产税三（下同）征收的只能包括政府收益这一部分，而不是全部的土地出让金，此部分收入约占到土地出让金比重的 20%左右[95]。

土地购买者通过竞拍土地获得土地使用权，除当期一次性支付土地出让金的 80%（主要用于拆迁及市政配套）外，另外归入政府收益的 20%在土地出让年限内每年缴纳年租，年租为房地产价值的一定比例。将土地出让金年租值并入房地产税进行征收，新的房地产税整合的税种包括：房产税、城镇土地使用税、耕地占用税、土地增值税、契税。

税基按照市场评估值确定。税率采用累进税率，参考发达国家经验，税率保持在较低水平。

方案三的改革目的即要打破将未来50～70年的土地出让金一次性收取的方式，将土地出让金收取方式改为按年分次收取，与房地产税改革方案所提到的税收一起合并纳入房地产税征收。

2013 年，我国的土地出让收入已经达到 3.91 万亿元，土地出让收入已成为地方政府财政收入的重要来源，如图 5-1 所示。若计入土地及房产相关的 5 种税收，2013 年地方政府国有土地使用权出让收入占地方财政收入的 46%。近一半的地方政府收入与土地相关，显示地方政府仍严重依赖土地财政。地方政府的土地出让收入占国有土地使用权出让收入的 95%。2013 年，《中国经济周刊》、中国经济研究院联合研究并发布“我国 23 个省份‘土地财政依赖度’排名报告”显示，23 个省（自治区、直辖市“土地财政依赖度”在 20.67%～66.27%之间，如图 5-2 所示。但同时，由于土地出让金的收入和支出分散在国土、土地储备和财政等部门，除少部分接受审计外，大多数的资金支出缺乏监督，存在巨大的贪腐黑洞。方案三的改革将可改变地方政府对未来土地的过度透支，缓解地方政府对土地财政的依赖程度。

 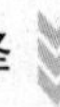

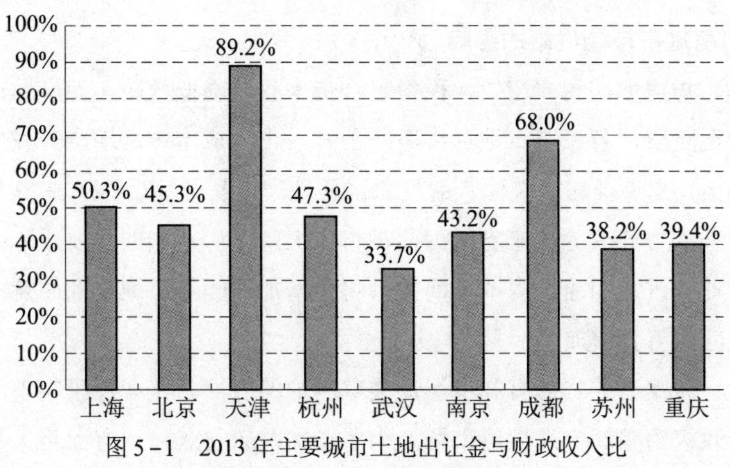

图 5-1　2013 年主要城市土地出让金与财政收入比

（数据来源：CEIC，中信建投研发部）

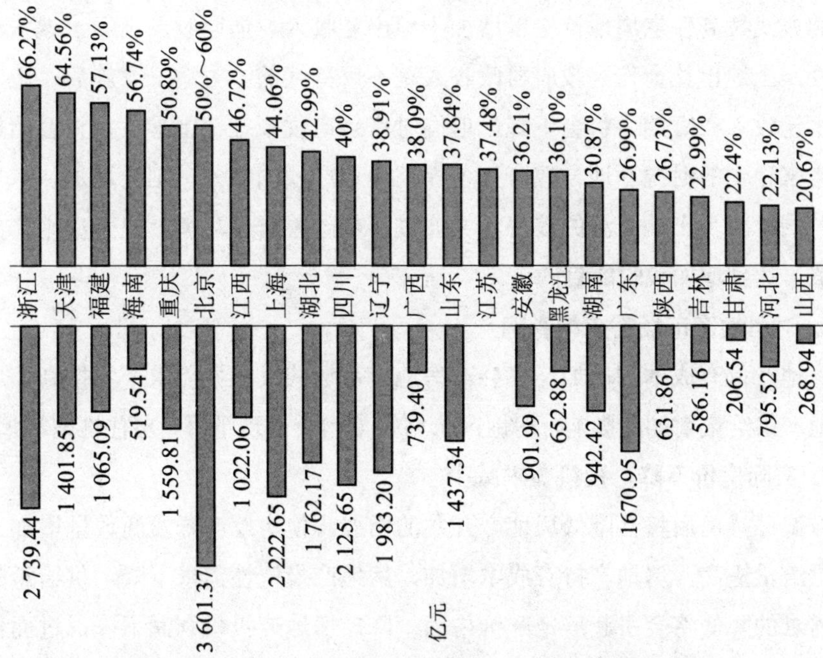

图 5-2　23 个省（自治区、直辖市）土地财政依赖度排名

（数据来源：《2013 中国国土资源公报》《中国经济周刊》）

（二）方案三对房地产泡沫的影响

下面通过分析房地产税三对房地产市场供给、需求、投机的影响来分析其对房地产泡沫的抑制作用。

1. 对房地产市场供给的影响

首先，与房地产税二相似，税费整合带来税负降低效应，使房地产供给增加。由于现阶段，各城市土地价格不断上升，土地成本占房地产开发成本的比重越来越大，出现面粉贵过面包的现象。房地产税三开征后，50～70 年的土地出让金由一次付清改为按年支付，此举将大大降低房地产的开发成本，同时降低房地产业的进入门槛，房地产商数量将会增加，随着房地产商间竞争加剧，房地产供应量将会增加。

其次，方案三的实施有利于保证住宅用地的供给。在现行税制下，地方政府通过行政权力垄断土地供给市场。为了增加财政收入，一方面将大量工业用地以低价或无偿的方式出让给企业以换取投资，另一方面通过减少住宅用地供给量的方式拉高住宅用地价格以增加土地出让收入。但同时，由于土地资源的有限性，土地出让金作为政府财政收入是不可持续的。方案三实施后，政府的土地出让收入在短期内将会下降，但同时房地产税开征范围扩大，将会给地方政府带来稳定的财源。地方政府为了提高房地产税的收入，则会增加住宅用地供给，同时减少土地资源的浪费，并通过不断改善居住环境，提升房地产的评估价值，达到增加税收的目的。

2. 对房地产市场需求的影响

房地产保有成本的增加，将会对房地产市场的投机性需求产生抑制作用。受房地产供给量增加的影响，房地产价格短期内会出现下降，自住性需求增加。

3. 实际房价下降，投机需求减少

方案三推出后将会降低房地产开发的门槛，使房地产开发商数量增加，房地产供给量提高。房地产持有成本增加，房地产投资性需求下降。供给量的增加，需求的降低将会引起房地产价格的下降，房地产投机利润下降，进而使房地产市场投机需求减少。

房地产税三开征后，房地产供给量增加，投资、投机性需求减少，将会引起房地产价格的下降。虽然自住性需求会有所上升，但由于自住性需求并不是引起房地产泡沫的主要原因，因此，房地产税三对房地产泡沫有抑制作用。

同方案二相比，方案三对税制的简化更加彻底，符合财产税改革的终极方向。其涉及面也更广，将会遇到更大的改革阻力，在短期内恐难以实现。

四、房地产税改革各方案优缺点对比

（一）改革难度不同

房地产税改革，实质就是对当前直接与房地产相关的税收进行的税制结构优化。税制结构优化最为公认的基础标准就是公平和效率。为实现公平和效率，房地产税改革应该朝着“宽税基、低税率、少税种”的方向进行。方案一到方案三，正是这样一个通过合并不同税种（减少税种），增加征税范围（扩大税基）的改革过程。

在税种上从方案一到方案三，合并的税种逐渐增多，三种方案均包含有相同的税种。方案一包含的税种仅面向房地产保有环节征收；方案二则包含面向房地产开发、流转、保有三个环节征收；方案三在方案二的基础上将土地出让金包含进来。

由于三个方案合并的税种从少到多，因此其改革过程中所面临的，也是一个从易到难的过程。对于房地产税改革方案一，面临的主要困难包括确定税基和对应税房地产进行准确评估两方面。方案一同现行税制相比，将自住房屋和城镇土地纳入征税范围，虽然对居民的基本居住需求进行了税收减免，但相比现行税制，税基仍然扩大了，再加上目前我国不动产登记工作刚刚开始实施，如何将所有应税房地产纳入征管范围，是征管部门面临的重大挑战。在应税房地产价值评估上改为按市场价值进行评估，则需要相当数量的专业评估师，科学、高效、低成本的评估方法，同时辅以有公信力的评估制度及评估争议解决机制。以上问题，都是我国短期内切实可能遇到的困难。

方案二同方案一相比，由于合并的税种更多，除了要面临税基扩大和评估的问题，还要面临对原先各税种同其他与房地产无关部分的分离问题。如土地增值税合并入房地产税后，由房地产的转让获得的增值额，则应并入企业所得税或个人所得税进行征收，这势必引起所得税的相应调整。

方案三同方案二相比，将一次性付清50～70年的土地出让金改为按年缴纳并入房地产税。面临的困难除方案二所遇到的困难外，最大的困难是争议较大，理论上尚未达到统一的认识。我国的土地属于国有和集体所有，因此有学者认为（如邓宏乾[92]）我国居民获得的只是土地的使用权，土地出让金是付给政府的租金，不是财产税资本化后的等价物，因此不应当纳入房地产税。但也有学者（如胡孝伦[93]）认为土地属公有资源，可视同于公共物品，当单位和个人缴纳必要的税金后，亦可取得对土地这一公共物品的使用权。国防、安全、义务教育、公费（合作）医疗等公共设施和服务是将纳税人缴纳的税款通过财政支出集中建设的，国有土地则是自然形成、不可再生的，但两者都是公共物品和服务。以缴税的形式取得对土地的使用权，符合“税收是向公共部门的货币转移，是对社会公共需求和社会公共物品、服务的支付”这一现代税收基本理论的要求。

同时，现阶段土地出让金是地方政府的主要财政来源，如将其划入房地产税并按年征收，则地方政府的财政收入将大大减少，这必然招致地方政府的反对，增加改革的难度。

（二）改革效果不同

按照税制优化“宽税基、低税率、少税种”的原则，则方案三减少的税费最多，无疑是最优方案。但同时经济发展水平、税收征管水平、税制的法制环境与人文环境都对房地产税改革具有重要影响。房地产税改革方案三实施后，对房地产的实际价格和地方政府的财政收入都有众大影响，理论上对于房地产泡沫具有最大的抑制效果，但同时也会引起地方政府的较多反对，阻碍改革的顺利进行。

房地产税二相较于房地产税三，对房地产实际价格的影响不如房地产税三，同时由于税基的增加，地方政府的财政收入有可能会增加，因此改革会较易推行。其同方案一相比，税种减少较多，更符合税收改革的方向。

房地产税一将房产税和城镇土地使用税进行合并，税种减少。同时税基扩大，方案实施后短期内会显著改变投资、投机需求的市场预期，引起房地产实际价格的下降，对房地产泡沫起到抑制作用。税基的扩大将会增加地方政府财政收入，改革方案易实施。

房地产税改革三项方案优缺点对比如表 5-1 所示。

表 5-1　房地产税改革三项方案主要优缺点对比

方案一		方案二		方案三	
优点	缺点	优点	缺点	优点	缺点
方案易实施	税基确定难	方案较易实施	税基确定难	税制结构改善	税基确定难
改进房地产税制结构	税基评估难	房地产税制结构显著改善	税基评估难	显著降低房地产开发成本	税基评估难
投资、投机需求下降	—	房地产流转环节税收减少	税收合并难度大	对房地产泡沫抑制作用大	税收合并难度大
—	—	—	—	—	土地出让金争议
—	—	—	—	—	对地方政府财政影响大
—	—	—	—	—	方案难实施

第二节　我国房地产税对房地产泡沫抑制效果模型构建

目前国内学者对房地产税的研究多集中在研究房地产税的税制设计，以定性分析为主，定量分析的研究多是研究房地产税对房价的影响，几乎还没有房地产税开征对房地产泡沫影响的定量研究。

与以往研究相比，本书的不同之处在于：在研究内容和范围上，以往的研究大多采用全国数据或者省际截面数据，样本数据较少，同时由于房地产市场具有明显的地域性特征，因此由以上数据得出的结论准确性较低，以城市为研究对象的研究更准确。

本书采用我国 14 个城市 2003—2012 年的面板数据来分析房地产税各方案对房地产泡沫的抑制效果，样本数据较多，同时提高了研究的准确性。

一、理论框架分析

理论法测度房地产泡沫的基本原理是假设房地产价格的变动由经济的基本

面和房地产市场的投机行为共同决定。决定房地产价格的经济基本面因素包括需求类因素和供给类因素。需求类因素包括一个地区的经济发展水平、金融市场发展水平、城市化水平等。供给类因素包括土地的供给量、房地产开发投资额。同时房地产税征收会增加房地产的持有成本，对需求有一定的影响。同时房地产开发流转环节的税收改革也会对房地产的供给产生一定程度的影响。在房地产市场中，由于房地产供给缺乏弹性，供给在短期内无法对房价产生太大的影响，因此，房地产价格的变动主要是由需求决定的。

房地产兼具消费品和投资品的属性，由于中国房地产的价格在过去十年快速上涨，房地产市场中投资和投机性需求占有相当比重。房地产市场的过度投机是产生房地产泡沫的主要原因。房地产投机主要通过投机者对房地产价格变动的预期而影响房地产价格的变化。

Abraham 和 Hendershott[70]把房价分成两个部分，一部分是由经济基本面因素决定的基本价格，另一部分是由非经济因素，如投机等，决定的非基本价格。非基本价格是房地产的市场价格与其基本价格之间的偏差，称为价格泡沫。

$$P_t = P_t^{\mathrm{m}} + B_t \qquad (5\text{-}1)$$

式中：P_t^{m}——能用经济基本面解释的第 t 期房地产基本价格；

B_t——第 t 期房地产泡沫。

Abraham 和 Hendershott 认为房地产的基本价格由建造成本、成年工人实际平均收入和实际利率等变量来解释。房地产建造成本用于代表房地产供给情况，建造成本升高则房地产供给减少，基本价格上升。成年工人实际平均收入来代表房地产的需求，当成年工人实际平均收入上升时，则其对购房的需求增加，相应的房地产的基本价格也会上升。由于房地产行业是资金密集型行业，银行信贷扩张，利率下降，会同时刺激房地产供给量，购房需求也会增加。因而 Abraham 和 Hendershat 用实际利率来代表银行信贷对房地产基本价格的影响。

本书在选取变量时借鉴了他们的研究成果，但鉴于数据的可获得性，用城镇居民人均 GDP 来代替成年工人实际平均收入这一变量。同时为研究房地产税对房地产泡沫的影响，本书将房地产税作为构成房地产基本价格的一项成本

纳入模型中，分析在不同房地产税方案下，房地产实际价格和房地产泡沫的变动情况。

本书假设第 t 期房地产基本价格 P_t^{m} 是当期房屋建造成本 HC_t、城镇居民人均国内生产总值 PGDP_t、银行利率 R_t，以及房地产税 PT_t 的线性函数。用公式可以表示为：

$$P_t^{\mathrm{m}}=a_0+a_1\mathrm{HC}_t+a_2\mathrm{PGDP}_t+a_3R_t+a_4\mathrm{PT}_t \tag{5-2}$$

在上述 Abraham 和 Hendershott 的模型中，房地产泡沫 B_t 表示为：

$$B_t=b_0+b_1P_{t-1}+b_2(\log P_{t-1}-\log P_{t-1}^{\mathrm{m}}) \tag{5-3}$$

即房地产泡沫由前期实际价格 P_{t-1} 和上期价格泡沫度影响，符合自适应预期理论。利用此模型 Abraham 和 Hendershott 对美国 1977—1992 年 30 个城市的泡沫进行了度量，结果表明，截至 1992 年年底，美国东南部地区与中西部地区城市住宅实际价格接近基本价格，美国东北部地区城市泡沫程度则达到 35%。

在利用此模型进行泡沫度度量时，由于上一期的基本价格 P_{t-1}^{m} 需要计算出来，才能计算下一期的泡沫，Abraham 和 Hendershott 通过假设基期的房地产实际价格等于基本价格，再通过迭代的方法来进行计算。吕炜、刘晨辉[96]2012 年利用此模型对我国 30 个省份的房地产市场泡沫进行度量时，将 1998 年定义为基期，各省 1998 年的房地产实际价格同房地产均衡价格相等，理由是 1998 年是我国开始住房货币化改革的元年。但由于本书以我国 14 个大中城市作为研究对象，在各地区的统计年鉴中大多没有从 1998 年开始的房地产价格的统计数据。因此，本书参考苑德宇、宋小宁[97]的方法，利用全国 35 个大中城市房地产市场 2001—2005 年的面板数据对房地产泡沫进行了测度。由于苑德宇等也是以各城市的面板数据为研究对象，因此，同本研究具有较高的相似性，参考价值较大。

由第二章的理论分析可知，房地产泡沫 B_t 主要由房地产市场的投机因素决定，因此，可以认为 B_t 是投机产生的预期资本收益的贴现值。房地产市场之所以产生投机主要是由于房地产具有投资品和消费品的双重属性，当投机者预测到房地产价格将会上升时，投资者就会买入房地产。

$$B_t=E_tB_{t+1}/(1+r_t) \tag{5-4}$$

式中：E_tB_{t+1}——房地产商品持有者下一期的预期资本收益；

r_t——第 t 期的实际利率。若假定房地产投机者预期类型符合适应性预期，则可以认为 E_tB_{t+1} 是房地产过去价格变化的函数，即

$$E_tB_{t+1}=f(s_{t-1},s_{t-2},\cdots,s_{t-d}) \tag{5-5}$$

$$s_{t-i}=(P_{t-1}-P_{t-i-1})/P_{t-i-1}，\ i=1，2，\cdots，d \tag{5-6}$$

众多文献对非基本价格变量的设定是一致的，基于的假设为：人们会通过房地产过去价格的变化调整其持有资产收益的预期，即适应性预期。房地产市场满足适应性预期的假设，即当期真实房价中非基本价格部分实际上是由前期的房地产价格变化决定的。出于简便考虑，假定当期房地产价格中非基本价格部分仅是由前一期房地产价格的变化引起的，即

$$B_t=E_{t-1}B_t=f(s_{t-1}) \tag{5-7}$$

式中：s_{t-1}——前期房地产价格变化对本期房地产价格预期影响的函数，并且 $\partial f/\partial s>0$，表示前期房地产价格的变化趋势同后一期一致。

由此，可以把非基本价格部分简单地表示为：

$$B_t=a_5s_{t-1} \tag{5-8}$$

其中，$a_5>0$，表示若本期房地产价格上涨，则投资者将会扩大投资，引起房地产泡沫的增加，将式（5-2）和式（5-8）代入式（5-1），得房地产的实际价格为

$$P_t=a_0+a_1\text{HC}_t+a_2\text{PGDP}_t+a_3R_t+a_4\text{PT}_t+a_5s_{t-1} \tag{5-9}$$

本书将利用式（5-9）研究不同房地产税改革方案下，房地产泡沫度的变化量，进而对房地产税改革方案进行选择。

二、方法介绍

（一）面板数据

本书采用时间序列数据和横截面数据相结合的面板数据模型（panel data model）。面板数据也被称为时间序列截面数据，具有时间和空间两个维度，是对截面上个体在不同时点的重复观测数据，具有截面数据与时间序列数据的双重特点。同截面数据或时间序列数据相比，由于面板数据同时包括时间序列数据和截面数据，伴随着观测值的增多，可以增加估计量的抽样精度，反映个体

的动态变化。其次，随着样本点的扩大可以降低多重共线性并提高自由度，从而可以提高估计的有效性。

（二）面板数据模型

面板数据模型可以分为基于横截面特定系数的面板数据模型和基于时期特定系数的面板数据模型。这两种形式的面板数据模型在估计方法上完全类似。以基于横截面特定系数的面板数据模型为例，面板数据模型的一般形式为：

$$y_{it}=\alpha_i+\beta_{1i}x_{1it}+\beta_{2i}x_{2it}+\cdots+\beta_{ki}x_{kit}+u_{it} \tag{5-10}$$

$$i=1，2，\cdots，N$$

$$t=1，2，\cdots，T$$

式中：y_{it} ——因变量；

$x_{1it},\cdots,x_{kit}$ ——k 个解释变量；

N——横截面个体成员的个数；

T——每个截面个体成员的样本观测期数；

α_i ——面板数据模型的截距项；

$\beta_{1i},\cdots,\beta_{ki}$ ——对应于 k 个解释变量的系数。

通常假定随机误差项 u_{it} 之间相互独立，且满足均值为零、方差同为 σ_u^2 的假设。根据对截距项和解释变量系数的不同限制，可以将面板数据模型（5-10）分为混合回归模型、变截距模型和变系数模型三种类型。

1. 混合回归模型

假设截距项 α_i 和解释变量系数 $\beta_{1i},\cdots,\beta_{ki}$ 对于所有的截面个体成员都是相同的，即假设个体成员上既无个体影响，也无结构变化。混合回归模型（pooled regression model）的形式如下：

$$y_{it}=\alpha+\beta_1x_{1it}+\beta_2x_{2it}+\cdots+\beta_kx_{kit}+u_{it} \tag{5-11}$$

$$i=1，2，\cdots，N$$

$$t=1，2，\cdots，T$$

2. 变截距模型

假定在截面个体成员上截距项 α_i 不同，解释变量系数 $\beta_{1i},\cdots,\beta_{ki}$ 相同，即假设在个体成员上存在个体影响而使结构系数发生变化，其回归形式为：

$$y_{it}=\alpha_i+\beta_1 x_{1it}+\beta_2 x_{2it}+\cdots+\beta_k x_{kit}+u_{it} \tag{5-12}$$

$$i=1,\ 2,\ \cdots,\ N$$

$$t=1,\ 2,\ \cdots,\ T$$

3. 变系数模型

假定在截面个体成员上截距项 α_i 和解释变量系数 $\beta_{1i},\cdots,\beta_{ki}$ 都不同，即假定在个体成员上既存在个体影响又存在结构系数变化。对于变截距模型和变系数模型，根据个体影响的不同形式，这两种模型又可分为固定效应模型（fixed effect model）和随机效应模型（random effect model）。

三、变量选择

基于上文的分析，将模型中涉及的变量分为因变量、决定房地产基本价格的变量和非基本价格变量三部分。

（一）因变量

因变量 RHP_{it} 为全国 14 个大中城市中某个城市在某个时期的真实平均房价，其中，$i=1,\ 2,\ \cdots,\ N$ 表示不同的地区；$t=1,\ 2,\ \cdots,\ T$ 表示不同的时期。该变量是由 2003—2013 年《中国统计年鉴》中商品房平均销售价格，经过该地区的 GDP 平减指数调整后得到的真实平均房价，反映了该地区该时期的真实房价。

（二）基本价格变量

房地产的基本价格由经济基本面决定，因此可以将房地产基本价格看作表示经济基本面经济变量的函数。表示经济基本面的变量很多，有房地产投资额、GDP、施工面积、竣工面积、贷款比率、房屋空置率等变量。孙美全[98]在其研究中将这些文献进行了罗列，通过分析发现，所有这些经济变量可以分为三类：供给类、需求类、金融类。供给类变量包括：房地产投资额、施工面积、竣工面积、房地产建造成本等。需求类变量包括：房屋空置率、城镇居民人均 GDP、城镇居民人均可支配收入、城镇人口密度等。金融类变量主要是指按揭贷款的利率。Abraham 和 Hendershott[70]1996 年已经成功利用建造成本、成年工人的人均收入、实际利率三个变量对美国 30 年 30 个城市的房地产泡沫进行了测度，

国内也有学者如朱英姿[99]、吕炜[96]直接运用该模型对我国的房地产泡沫进行实证研究，证明该模型适用于我国的房地产市场。

本书同 Abraham 和 Hendershott 的研究对象相比，仍然是利用面板数据来进行回归分析，研究多年份多个城市的房地产泡沫。因此，本书沿用该模型。由于数据的原因将成年工人的人均收入这一变量变换为城镇居民人均 GDP，同时考虑房地产税的变动对房地产泡沫的影响，引入房地产税。

综上本书选取的基本价格变量包括各城市的房地产开发企业竣工房屋造价，城镇居民人均 GDP、1～3 年期贷款利率和房地产税。

各城市房地产开发企业竣工房屋造价，用于衡量房屋的建造成本，经过该地区 GDP 平减指数调整，消除通货膨胀的影响，得到实际房屋造价，用 RHC_{it} 表示，单位为元/m^2。

作为衡量该地区居民收入水平的指标，城镇居民人均 GDP，经过各地区 GDP 平减指数调整，消除了通货膨胀和物价上涨对数据的影响，得到实际城镇居民人均 GDP，用 $RPGDP_{it}$ 表示，单位为元。

用 1～3 年期贷款利率作为房地产抵押贷款利率，用各地区 CPI 调整后得到各地区的真实利率水平，用 RR_{it} 表示。

（三）税收变量

由于我国并未开始征收房地产税，因此在最初对房地产税进行定量研究时，常莉[100]通过搜集样本，将房地产税改革方案代入其中，通过模拟测算的结果来度量房地产税改革对房地产业的定量影响。杜雪君[101]将现有的房产税、城镇土地使用税、耕地占用税、土地增值税、契税收入之和相加除以商品房销售额得出的结果作为房地产税的代理变量，通过研究房地产税与房地产价格、地方政府收入之间的关系得出房地产税改革对房地产价格的影响。况伟大、马一鸣[32]将城市房地产税和房产税之和作为物业税的代理变量，用 1996—2008 年中国 33 个大中城市的数据来研究房地产税改革对房价的影响。巴曙松[36]等用杜雪君的研究方法，用全国 30 个省（自治区、直辖市）1999—2008 年以来的税收总额来测算不同房地产税改革方案对房地产价格、房地产上市公司业绩、地方财政收支的影响。

本书借鉴杜雪君的方法来选取房地产税的代理变量。首先引入现行的房产税 RT 作为基本价格变量，将现行房地产税方案同各个改革方案的回归结果进行比较。将房产税 RT 除以当年该地区的商品房销售额，并用当期 GDP 平减指数调整后得到实际税收，用 RPT_{it} 表示。

以各改革方案的房地产税变量 T_{it}^{m} 作为基本价格变量，表示第 m 种房地产税改革方案，$m=1$，2，3 分别表示房地产税改革方案一、二、三。将各方案中房地产税额除以当年该地区的商品房销售额，并用当期 GDP 平减指数调整后得到实际税收，用 RT_{it}^{m} 表示。

RPT_{it} 作为现行房地产税代表变量，仅包括房产税。计算时以各城市房产税为代理变量。

RT_{it}^{1} 包括房地产保有环节的税收：房产税和城镇土地使用税。计算时以此两项税收之和为代理变量。

RT_{it}^{2} 除包括 RT_{it}^{1} 中的税收外，还包括耕地占用税、土地增值税、契税。

RT_{it}^{3} 包括 RT_{it}^{2} 中所有税收，并包括土地出让金。以 2002 年为基期，将土地出让金转化为期限为 70 年，收益率为 4.426%的现金流（根据国债收益率曲线的延展推算出 70 年期的收益率）。其中，由于目前一次性征收的土地出让金中大部分用于拆迁及市政配套，只有约 20%归政府所有，将土地出让金的 20%按 70 年分摊到未来各年中。此处借鉴巴曙松等所用的方法。计算时以各项税收之和与经计算后土地出让金 20%按 70 年分摊到各年的净现值之和作为代理变量。

这里所用税收数据均来自各城市历年统计年鉴。由于无法得到各城市的土地出让金数值，本书用历年《中国房地产统计年鉴》中各城市的土地购置费来代替土地出让金。将土地购置费除以当年该地区的商品房销售额，并用当期 GDP 平减指数调整后作为当年土地出让金分摊到各年。

这里先用这四个真实值的线性组合来表示真实的基本房价，即：

$$\mathrm{RHP}_{it}^{\mathrm{f}} = a_0 + a_1\mathrm{RHC}_{it} + a_2\mathrm{RPGDP}_{it} + a_3\mathrm{RR}_{it} + a_4\mathrm{RPT}_{it} \qquad (5\text{-}13)$$

当房地产税改革时，则选用各方案的房地产税代替 RPT_{it}，即

$$\mathrm{RHP}_{it}^{\mathrm{f}} = a_0 + a_1\mathrm{RHC}_{it} + a_2\mathrm{RPGDP}_{it} + a_3\mathrm{RR}_{it} + a_5\mathrm{RT}_{it}^{m} \qquad (5\text{-}14)$$

式中：$\mathrm{RHP}_{it}^{\mathrm{f}}$ ——i 城市第 t 年的真实的基本房价，假定 $\partial\mathrm{RHP}_{it}^{\mathrm{f}}/\partial\mathrm{RHC}_{it} > 0$，即实际房价随建造成本的增加而增加。

$\partial RHP_{it}^{f}/\partial RPGDP_{it}>0$，即实际房价随城镇人均 GDP 的增加而增加。

$\partial RHP_{it}^{f}/\partial RR_{it}<0$，即实际房价随利率的增加而减少。

$\partial RHP_{it}^{f}/\partial RPT_{it}<0$，即实际房价随房产税的增加而减少。

$\partial RHP_{it}^{f}/\partial RT_{it}^{m}<0$，即实际房价随房地产税的增加而减少。

（四）非基本价格变量

对于非基本价格，本书参考苑德宇、宋小宁[97]2008 年对全国 35 个城市房地产泡沫测度时采用的方法，在上一节已进行过详细分析。

假定当期房价中非基本价格部分只是由前一期房价的变化引起的，即

$$B_{it}^{e}=E_{it-1}B_{it}=f(s_{it-1}) \tag{5-15}$$

式中：s_{it-1}——前期价格变化对本期房价预期影响的函数，并且$\partial f/\partial s>0$。

由此，可以把非基本价格部分简单地表示为：

$$B_{it}^{e}=a_6 s_{it-1} \tag{5-16}$$

其中：$a_6>0$，$i=1$，2，…，N 表示不同的地区，$t=1$，2，…，T 表示不同的时期。鉴于下文数据处理的方便性，这里对上文 s_{it-1} 均乘以 1 000，用 RB 表示。

变量选择如表 5-2 所示。

表 5-2　变量选择

变量类型	变量名称		变量含义
被解释变量	商品房价格	RHP	商品房平均销售价格/（元/m²）
解释变量	商品房造价	RHC	商品房平均造价/（元/m²）
	人均产值	RPGDP	人均国民生产总值/元
	实际利率	RR	1～3 年期银行贷款利息/%
	泡沫因子	RB	投资者对下一期房价的预期
	房产税	RPT	每万元房地产销售额中所支付的房地产税收/元
	房地产税一	RT^1	
	房地产税二	RT^2	
	房地产税三	RT^3	

四、数据处理和平稳性检验

（一）数据处理

本书原计划将我国35个大中城市的数据资料为研究样本，但限于部分城市没有完整的税收数据，最后选取了14个城市，书中除土地购置费、利率外所有数据均来源于被研究城市的历年统计年鉴，样本区间为2003—2012年，采用2003—2013年的统计年鉴数据，这14个城市包括华北地区的北京、天津、呼和浩特，东北地区的沈阳，华东地区的济南、上海、福州，中南地区的郑州、长沙、海口，西南地区的重庆，西北地区的西安、兰州、西宁。这14个城市覆盖了我国的所有地区，均属于直辖市或省会城市，具有代表意义。

商品房平均销售价格、城镇居民人均GDP、房地产销售额、居民消费价格指数（CPI）、房产税、城镇土地使用税、土地增值税、耕地占用税、契税来源于《北京统计年鉴》（2003—2013）、《天津统计年鉴》（2003—2013）、《呼和浩特经济统计年鉴》（2003—2013）、《沈阳统计年鉴》（2003—2013）、《济南统计年鉴》（2003—2013）、《上海统计年鉴》（2003—2013）、《福州统计年鉴》（2003—2013）、《郑州统计年鉴》（2003—2013）、《长沙统计年鉴》（2003—2013）、《海口统计年鉴》（2003—2013）、《重庆统计年鉴》（2003—2013）、《西安统计年鉴》（2003—2013）、《兰州统计年鉴》（2003—2013）、《西宁统计年鉴》（2003—2013）。部分年份数据缺失，则用插值法补齐。

由于无法查到各个城市的数据，各城市房地产开发企业竣工房屋造价用各个省的数据来代替，数据来源为国家统计局网站。

GDP平减指数根据各地区生产总值GDP、地区生产总值指数（定基指数）计算得到。各城市地区生产总值GDP、生产总值指数（定基指数）均来自于该市对应年份统计年鉴。

土地购置费来源于《中国房地产统计年鉴》（2003—2013）。

1～3年期贷款利率来源于中国人民银行网站，经过加权平均后得到。

为了消除商品房价格、商品房造价、人均产值、实际利率、泡沫因子、税收等数据中存在的异方差和量纲问题，本书首先利用当地当年的GDP平减指数和 CPI 对数据进行平减，以消除物价上涨对数据的影响，再利用 Eviews 6.0 对所有变量进行对数化处理，消除不同量纲之间的差别，以符合研究需要。

（二）平稳性检验

为避免出现伪回归，确保估计结果的有效性，本书首先对面板数据进行单位根检验，以判断它们是否是平稳序列。

本书利用 Eviews 6.0 软件，使用 LLC 检验、IPS 检验、ADF 检验和 PP 检验 4 种面板数据单位根检验方法来验证我国商品房价格、商品房造价、人均产值、实际利率、泡沫因子、房地产税收等数据的平稳性。

以对 lgRHP 的检验为例，首先对其进行单位根检验，检验结果如图 A-1 所示。发现 LLC 检验、IPS 检验、ADF 检验、PP 检验的 P 值分别为 0.247 2，1.000 0，0.998 4，0.625 9，均未通过检验，因此，不能拒绝原假设，所有的截面成员序列都含有一个单位根。

接着，再对其一阶差分进行检验，结果如图 A-2 显示，LLC 检验、IPS 检验、ADF 检验、PP 检验的 P 值分别为 0.000 0，0.000 0，0.000 0，0.000 1，因此，拒绝原假设，表明 lgRHC 序列是不平稳序列，但是其一阶差分序列则是平稳的。

同理，对剩余的变量检验发现，9 个变量数据均存在单位根，未通过平稳性检验，对各变量数据进行一阶差分，数据均通过单位根检验，9 个变量数据为一阶单整的平稳数据，检验结果如表 5-3 所示。

表 5-3 变量单位根检验结果

变量 \ 检验方法	LLC	IPS	ADF–Fisher	PP–Fisher
DlgRHP	−12.517 9	−4.545 91	73.619 5	63.830 5
	0.000 0	0.000 0	0.000 0	0.000 1
DlgRHC	−8.176 15	−3.560 54	64.960 6	71.669 2
	0.000 0	0.000 2	0.000 1	0.000 0
DlgRPGDP	−8.425 85	−3.324 72	61.745	51.232 6
	0.000 0	0.000 4	0.000 2	0.004 7
DlgRR	−12.787 4	−4.057 21	73.414 5	49.046 1
	0.000 0	0.000 0	0.000 0	0.008 2

续表

变量 \ 检验方法	LLC	IPS	ADF-Fisher	PP-Fisher
DlgRB	−15.751 1	−7.472 27	110.868	136.221
	0.000 0	0.000 0	0.000 0	0.000 0
DlgRPT	−7.478 8	−3.833 3	66.926	62.412
	0.000 0	0.000 1	0.000 0	0.000 2
$DlgRT^1$	−11.585 8	−4.373 62	75.776 2	67.822 1
	0.000 0	0.000 0	0.000 0	0.000 0
$DlgRT^2$	−8.354 86	−3.772 02	68.614 3	72.727 1
	0.000 0	0.000 1	0.000 0	0.000 0
$DlgRT^3$	−8.642 77	−3.994 37	71.370 5	74.327 3
	0.000 0	0.000 0	0.000 0	0.000 0

（数据来源：计算整理得到）

五、模型设定

所选取的 8 个变量是同阶平稳数列，说明具有长期均衡关系。由于数据的原因，所跨年份较少，无法进行协整检验。对书中因变量和自变量进行两两相关分析，发现人均产值（lgRPGDP）和实际利率（lgRR）与商品房价格（lgRHP）之间相关性较低，因此，将这两个变量剔除后再对数据进行回归分析。

（一）模型设定检验

对面板数据进行估计时，需要对所建立的模型形式进行检验，以检验样本数据符合混合回归模型、变截距模型及变系数模型中的哪一种。检验如下两个原假设。

H_0：模型中的解释变量系数和截距项对于所有的截面成员都是相同的。该模型形式为混合回归模型。

H_1：模型中不同个体的截距项α_i是不同的，即该模型应为变截距模型。

模型检验为 F 检验统计量：

$$F_m=\frac{(S_3-S_1)/[(N-1)(k+1)]}{S_1/[NT-N(k+1)]}\sim F[(N-1)(k+1),NT-N(k+1)] \quad (5-17)$$

式中：N——截面成员个数；

T——每个截面成员的样本观测期数；

k——非常数项解释变量的个数；

S_1，S_3——变系数模型和混合回归模型的回归残差平方和。

在原假设 H_0、H_1 成立的条件下，检验统计量 F_m 服从特定自由度的 F 分布。

$$\begin{aligned}F_m&=\frac{(12.227\,25-0.976\,962)/[(14-1)\times(3+1)]}{0.976\,962/[14\times10-14\times(3+1)]} \quad (5-18)\\&=18.602\,1>F_{0.05}(52,84)=1.494\,8\end{aligned}$$

由于统计量 F_m 大于 5%检验水平下 F 分布临界值，因此，拒绝原假设 H_0，应建立变截距模型中的个体固定效应模型。

对固定效应模型和随机效应模型进行 Hausman 检验，比较固定效应模型和随机效应模型的差异，检验结果如图 A-3 所示，发现其检验统计量为 0.161 3，其概率值 P 为 0.983 6，因此，可以认为固定效应模型和随机效应模型的估计量是没有实质差异的。

考虑上文 F 检验结果，本书选择固定效应模型，在考虑现行房产税时，模型形式为：

$$\lg \mathrm{RHP}_{it}=\alpha_1+\beta_1\lg \mathrm{RHC}_{it}+\beta_2\lg \mathrm{RT}_{it}+\beta_3\lg \mathrm{RB}_{it}+u_{it} \quad (5-19)$$

$i=1$，2，…，14；$t=1$，2，…，10。

（二）房地产泡沫测度

本书首先用设定的模型（5-19）来对房地产泡沫进行测度，运用个体固定效应回归模型，回归结果如图 A-4 所示，估计结果用公式表示为：

$$\lg \hat{\mathrm{R}}\mathrm{HP}_{it}=-0.411+\alpha_i^*+1.230\,5\lg \mathrm{RHC}_{it}-0.009\lg \mathrm{RT}_{it}+0.064\lg \mathrm{RB}_{it} \quad (5-20)$$

$$(-0.568\,5) \qquad (21.008\,1) \qquad (-0.226\,0) \qquad (3.254\,6)$$

$i=1$，2，…，14；$t=1$，2，…，10。

固定效应 α_i^*：北京为 0.552；上海为–0.025；天津为–0.084；……；西宁为–0.322。

结果显示：可决系数 $R^2 = 0.9219$，调整后的可决系数 $\bar{R}^2 = 0.9118$，说明模型对因变量拟合较好，模型中的解释变量能够解释因变量变动的很大一部分。

F 检验统计量对应概率为 0，变量间呈现高度的线性关系。lgRHC 和 lgRB 的系数均为正，符合假设，且均通过 t 检验，系数在 5%水平下显著。在显著性水平 0.05 下，$\chi^2_{0.95}(3) = 7.815 \succ nR^2 = 2.8$，表明模型不存在异方差。模型表明实际房价主要由商品房的造价成本决定，商品房的造价成本每上涨 1 000 元，则商品房实际价格要上涨 1 231 元。

lgRPT 的系数为负，表明房地产税与实际房价呈负相关。增加房地产税，实际房价会有所下降，现行房地产税每增加 1 个百分点，实际房价会下降 0.009 个百分点。据此计算在现行房地产税下，全国 14 个城市 2003—2012 年商品房价格中存在的泡沫比例。

通过表 5－4 可以看出，房地产泡沫同房地产价格一样具有明显的区域性特征，各个城市之间，同一年份相比有较大的差别。同时各个城市，从 2003—2012 年的变化规律也有所不同。

表 5－4　2003—2012 年全国 14 个城市商品房价格中泡沫的比例

年份＼城市	北京	天津	呼和浩特	沈阳	上海	福州	济南
2003	–3.80%	3.00%	7.70%	5.20%	4.40%	10.20%	8.00%
2004	–0.40%	0.80%	2.40%	4.30%	15.90%	–2.80%	7.20%
2005	4.10%	13.70%	3.40%	–0.30%	7.70%	6.70%	17.60%
2006	18.10%	17.30%	12.00%	4.40%	8.80%	11.50%	2.80%
2007	13.90%	10.50%	9.80%	3.90%	4.70%	18.40%	5.30%
2008	20.90%	12.10%	6.90%	4.70%	6.80%	14.30%	5.40%
2009	9.80%	6.50%	4.40%	6.30%	4.00%	7.00%	5.30%
2010	5.60%	4.80%	11.10%	5.70%	11.20%	6.70%	7.40%
2011	12.70%	10.30%	17.20%	7.70%	23.60%	13.90%	12.90%
2012	6.80%	8.70%	3.60%	10.60%	5.60%	15.40%	12.90%
平均值	8.78%	8.77%	7.85%	5.26%	9.26%	10.11%	8.49%

续表

年份＼城市	郑州	长沙	海口	重庆	西安	兰州	西宁
2003	7.20%	8.20%	8.20%	5.00%	7.80%	7.70%	6.80%
2004	0.60%	8.80%	–0.80%	1.70%	3.40%	8.60%	8.00%
2005	1.50%	–0.30%	4.20%	6.40%	13.70%	14.00%	2.80%
2006	12.20%	6.30%	10.10%	11.30%	5.10%	7.50%	4.80%
2007	7.60%	7.80%	4.30%	5.10%	8.50%	1.80%	4.60%
2008	10.40%	12.10%	12.00%	9.60%	3.20%	6.10%	9.90%
2009	9.60%	6.60%	17.00%	4.80%	6.20%	4.90%	11.90%
2010	5.50%	2.10%	12.40%	7.70%	3.70%	6.50%	4.30%
2011	7.00%	8.90%	22.20%	14.70%	3.80%	10.40%	4.50%
2012	9.40%	15.30%	7.30%	11.00%	14.90%	8.60%	7.30%
平均值	7.10%	7.58%	9.69%	7.05%	7.05%	7.61%	6.51%

（数据来源：计算整理得到）

2003 年到 2012 年各地区商品房中所占泡沫比重平均值为 7.94%，高于均值的城市有北京、天津、上海、福州、济南、海口 6 个城市。其泡沫所占比例均值排名从高到低为：福州＞海口＞上海＞北京＞天津＞济南，这 6 个城市商品房造价排名从高到低依次为：上海＞天津＞北京＞海口＞济南＞福州。可见福州市商品房造价并不高，但是泡沫比例占比却最高，因此，福州房地产泡沫比较严重。进入 2014 年受银行信贷收紧影响，全国房地产市场表现均较为疲软，福州市政府是地方政府中出台房地产政策最多的地方政府，可见福州市房地产泡沫确实比较严重，侧面证明模型结果具有可行性。海口为旅游城市，独特的自然风光吸引了众多的投资、投机者在海口置业，但由于海口本身经济并不发达，其商品房造价不高，所以房地产泡沫也比较严重，需要警惕。济南市所在的山东省整体经济发达，因此投资、投机者较多，这些是济南在房地产造价不高的情况下，商品房泡沫比例较高的原因。北京、上海、天津三个大城市经济发达，商品房造价较高，同时，由于基础设施比较发达，对人才的吸引力强，更多的人选择在这些城市投资置业，房地产泡沫较高。

张洪力（2006）的研究认为，若房地产泡沫所占比例超过 10%，则表明房地产泡沫比较严重，房地产市场处于高度警戒区[102]。同时表 5-4 的数据表明，我国大部分城市的房地产泡沫虽然并未超过 10%，但是大部分城市均有超过 10%的年份，而且随着时间变化，房地产泡沫所占比例有逐渐增长的趋势，因此，有必要对房地产市场进行有效调控，降低房地产泡沫所占的比重。

第三节　不同房地产税制改革方案对房地产泡沫的抑制效果测度

一、房地产保有环节税收合并方案对房地产泡沫的抑制效果

（一）模型设定

我国房地产税改革中提供了三种比较有代表性的税收改革方案。方案一是将我国现有房地产保有环节的房产税和城镇土地使用税两个税种进行合并，统一开征，并将房地产税的征收范围从仅向经营性房产征收，转为向包括自有住房在内的所有房产进行征税。这里设定此种房产税为 RT^1，以现有的房产税和城镇土地使用税的收入之和作为代理变量，将其代入模型（5-19）作为决定基本房价的因素之一。

模型形式如下：

$$\lg RHP_{it} = \alpha_i + \beta_1 \lg RHC_{it} + \beta_2 \lg RT_{it}^1 + \beta_3 \lg RB_{it} + u_{it} \qquad (5-21)$$

$i=1，2，\cdots，14;$

$t=1，2，\cdots，10。$

（二）房地产泡沫抑制效果测度

本书首先用之前设定的模型（5-21）来对房地产泡沫进行测度，运用个体固定效应回归模型，回归结果如图 A-5 所示，用公式表示为：

$$\lg \hat{\mathrm{R}}\mathrm{HP}_{it} = -0.996 + \alpha_i^* + 1.219\lg \mathrm{RHC}_{it} - 0.011\lg \mathrm{RT}_{it}^1 + 0.064\lg \mathrm{RB}_{it} \quad (5-22)$$

$$(-1.734\,1) \qquad (20.626\,5) \qquad (-0.228\,0) \qquad (3.254\,2)$$

$i=1，2，\cdots，14$；

$t=1，2，\cdots，10$。

固定效应α_i^*：北京为 0.531；上海为–0.051；天津为–0.100；……；西宁为–0.323。

结果显示：可决系数$R^2=0.9211$，调整后的可决系数$\bar{R}^2=0.9109$，说明模型对因变量拟合较好，模型中的解释变量能够解释因变量变动的很大一部分。

F 检验统计量对应概率为 0，变量间呈现高度的线性关系。lg RHC 和 lg RB 的系数均为正，均符合假设，且均通过 t 检验，系数在 5%水平下显著。在显著性水平 0.1 下，$\chi_{0.9}^2(3)=6.2511 \succ nR^2=2.8$，表明模型不存在异方差。lg RT^1 的系数为负，表明房地产税与实际房价呈负相关，但是房地产税在 0.1 置信水平下不显著。模型表明引入税收变量后，商品房造价对实际房价的影响有所下降，但是下降幅度很小，系数从 1.231 变为 1.219。

增加房地产税，实际房价会有所下降，但是下降的幅度很小，房地产税一每增加 1 个百分点，实际房价会下降 0.011 个百分点。据此计算考虑房地产税一这一因素，全国 14 个城市 2003—2012 年商品房价格中存在的泡沫比例，如表 5-5 所示。

表 5-5　方案一下 2003—2012 年全国 14 个城市商品房价格中泡沫的比例

城市 年份	北京	天津	呼和浩特	沈阳	上海	福州	济南
2003	–3.74%	3.00%	7.68%	5.21%	4.40%	10.11%	7.98%
2004	–0.38%	0.83%	2.39%	4.31%	15.78%	–2.81%	7.13%
2005	4.04%	13.62%	3.41%	–0.26%	7.60%	6.65%	17.48%
2006	17.99%	17.19%	11.97%	4.38%	8.76%	11.38%	2.81%
2007	13.82%	10.40%	9.74%	3.85%	4.64%	18.26%	5.27%
2008	20.74%	11.99%	6.84%	4.67%	6.72%	14.16%	5.39%
2009	9.74%	6.44%	4.35%	6.23%	3.94%	6.97%	5.24%
2010	5.60%	4.81%	10.99%	5.68%	11.17%	6.62%	7.40%
2011	12.58%	10.24%	17.05%	7.67%	23.40%	13.83%	12.82%
2012	6.80%	8.60%	3.59%	10.55%	5.57%	15.31%	12.79%
平均值	8.72%	8.71%	7.80%	5.23%	9.20%	10.05%	8.43%

续表

城市 年份	郑州	长沙	海口	重庆	西安	兰州	西宁
2003	7.16%	8.17%	8.19%	4.97%	7.73%	7.70%	6.80%
2004	0.59%	8.76%	–0.81%	1.67%	3.39%	8.53%	8.00%
2005	1.47%	–0.35%	4.14%	6.37%	13.59%	13.92%	2.81%
2006	12.11%	6.24%	10.02%	11.20%	5.09%	7.41%	4.79%
2007	7.57%	7.77%	4.27%	5.05%	8.44%	1.78%	4.62%
2008	10.38%	11.99%	11.94%	9.55%	3.22%	6.04%	9.83%
2009	9.56%	6.58%	16.88%	4.79%	6.17%	4.89%	11.80%
2010	5.42%	2.14%	12.32%	7.68%	3.72%	6.46%	4.25%
2011	7.00%	8.82%	22.08%	14.60%	3.82%	10.32%	4.48%
2012	9.33%	15.22%	7.27%	10.89%	14.82%	8.56%	7.29%
平均值	7.06%	7.53%	9.63%	7.68%	7.00%	7.56%	6.46%

（数据来源：计算整理得到）

房地产税一开征后，房地产泡沫占 2003—2012 年实际房价的比例，其均值由 7.936%变为 7.933%，可见房地产税一开征后房地产泡沫占实际房价比例变化不大，房地产税一对房地产泡沫的抑制作用有限。

二、房地产流转及保有环节税收合并方案对房地产泡沫的抑制效果

（一）模型设定

房地产税改革的第二种代表性方案是，将现有房地产开发、流转、保有环节的耕地占用税、土地增值税、契税、房产税和城镇土地使用税等五种税收进行合并成为新的房地产税二，将这五种税收的收入之和作为代理变量，用 RT^2

表示，将其代入模型（5-19）中，模型形式如下：

$$\lg \mathrm{RHP}_{it}=\alpha_i+\beta_1\lg \mathrm{RHC}_{it}+\beta_2\lg \mathrm{RT}_{it}^2+\beta_3\lg \mathrm{RB}_{it}+u_{it} \quad (5\text{-}23)$$

$i=1$，2，…，14；

$t=1$，2，…，10。

（二）房地产泡沫抑制效果测度

本书首先用之前设定的模型对房地产泡沫进行测度，运用个体固定效应回归模型，回归结果如图 A-6 所示，用公式表示为：

$$\lg \hat{\mathrm{R}}\mathrm{HP}_{it}=-0.729+\alpha_i^*+1.215\lg \mathrm{RHC}_{it}-0.040\lg \mathrm{RT}_{it}^2+0.062\lg \mathrm{RB}_{it} \quad (5\text{-}24)$$

(–1.077 6)　(20.894 2)　(–0.661 9)　(3.155 7)

$i=1$，2，…，14；

$t=1$，2，…，10。

固定效应α_i^*：北京为 0.527；上海为–0.049；天津为–0.102；……；西宁为–0.329。

结果显示：可决系数$R^2=0.9214$，调整后的可决系数$\bar{R}^2=0.911\,1$，说明模型对因变量拟合较好，模型中的解释变量能够解释因变量变动的很大一部分。

F 检验统计量对应概率为 0，变量间呈现高度的线性关系。lgRHC 和 lgRB 的系数均为正，均符合假设，且均通过 t 检验，系数在 5%水平下显著。在显著性水平 0.1 下，$\chi_{0.9}^2(3)=6.2511\succ nR^2=2.8$，表明模型不存在异方差。$\lg RT^2$ 的系数为负，表明房地产税与实际房价呈负相关，但是房地产税在 0.1 置信水平下不显著。模型表明引入税收变量后，商品房造价对实际房价的解释有所下降，但是下降很小，系数变化从 1.223 变为 1.215。

增加房地产税二，实际房价会有所下降，方案二相比方案一，下降幅度有所增加，房地产税二每增加 1 个百分点，实际房价会下降 0.04 个百分点。据此计算考虑房地产税二因素，全国 14 个城市 2003 年到 2012 年商品房价格中存在的泡沫比例，如表 5–6 所示。

表 5-6 方案二下 2003—2012 年全国 14 个城市商品房价格中泡沫的比例

年份＼城市	北京	天津	呼和浩特	沈阳	上海	福州	济南
2003	–3.65%	2.92%	7.49%	5.08%	4.30%	9.86%	7.78%
2004	–0.37%	0.81%	2.33%	4.20%	15.39%	–2.74%	6.96%
2005	3.94%	13.29%	3.33%	–0.26%	7.41%	6.49%	17.05%
2006	17.54%	16.76%	11.67%	4.27%	8.55%	11.10%	2.74%
2007	13.48%	10.14%	9.50%	3.76%	4.53%	17.81%	5.14%
2008	20.23%	11.69%	6.67%	4.56%	6.55%	13.81%	5.26%
2009	9.50%	6.28%	4.24%	6.07%	3.85%	6.80%	5.11%
2010	5.46%	4.69%	10.72%	5.54%	10.90%	6.46%	7.22%
2011	12.27%	9.99%	16.63%	7.48%	22.82%	13.49%	12.50%
2012	6.63%	8.38%	3.50%	10.29%	5.44%	14.93%	12.47%
平均值	8.50%	8.50%	7.61%	5.10%	8.97%	9.80%	8.22%
年份＼城市	郑州	长沙	海口	重庆	西安	兰州	西宁
2003	6.98%	7.97%	7.99%	4.85%	7.54%	7.51%	6.63%
2004	0.57%	8.54%	–0.79%	1.63%	3.30%	8.32%	7.80%
2005	1.43%	–0.34%	4.03%	6.21%	13.26%	13.58%	2.74%
2006	11.82%	6.09%	9.77%	10.92%	4.96%	7.23%	4.67%
2007	7.38%	7.58%	4.17%	4.92%	8.23%	1.74%	4.50%
2008	10.12%	11.69%	11.64%	9.31%	3.14%	5.89%	9.59%
2009	9.32%	6.42%	16.46%	4.67%	6.02%	4.77%	11.51%
2010	5.28%	2.08%	12.01%	7.49%	3.63%	6.30%	4.14%
2011	6.83%	8.61%	21.54%	14.24%	3.72%	10.07%	4.37%
2012	9.10%	14.84%	7.09%	10.62%	14.45%	8.35%	7.11%
平均值	6.88%	7.35%	9.39%	7.49%	6.83%	7.38%	6.31%

（数据来源：计算整理得到）

房地产税二开征后，房地产泡沫占 2003 年和 2012 年实际房价的比例，其

均值由 7.936%变为 7.737%，下降了 2.51%。可见房地产税二同房地产税一相比，不仅对实际房价有较大影响，对房地产泡沫的抑制效果也有所增加。

三、土地出让金并入房地产税方案对房地产泡沫的抑制效果

（一）模型设定

房地产税改革的第三种代表性方案是，将现今一次性征收的土地出让金改为70年按年征收，并将土地出让收入与方案二提到的税收一起并入房地产税三，变为受监督的政府预算内收入。这样一方面降低了房地产开发成本，也通过改革的方式改变地方政府对未来土地使用权的过度透支。本书将房地产税三引入模型（5-19），用 RT^3 表示。

模型形式如下：

$$\lg RHP_{it} = \alpha_i + \beta_1 \lg RHC_{it} + \beta_2 \lg RT_{it}^3 + \beta_3 \lg RB_{it} + u_{it} \qquad (5-25)$$

$i=1, 2, \cdots, 14;$

$t=1, 2, \cdots, 10$。

（二）房地产泡沫抑制效果

本书首先用上一节设定的模型来对房地产泡沫进行测度，运用个体固定效应回归模型，估计结果如图 A-7 所示（见附录 A）。

$$\lg \hat{R}HP_{it} = -0.687 + \alpha_i^* + 1.214 \lg RHC_{it} - 0.045 \lg RT_{it}^3 + 0.061\,7 \lg RB_{it} \qquad (5-26)$$

$$(-1.021\,3) \qquad (20.927\,7) \qquad (-0.746\,4) \qquad (3.141\,3)$$

$i=1, 2, \cdots, 14;$

$t=1, 2, \cdots, 10$。

固定效应 α_i^*：北京为 0.532；上海为-0.051；天津为-0.104；……；西宁为-0.324。

结果显示：可决系数 $R^2 = 0.9215$，调整后的可决系数 $\bar{R}^2 = 0.9112$，说明模型对因变量拟合较好，模型中的解释变量能够解释因变量变动的很大一部分。

F 检验统计量对应概率为 0，变量间呈现高度的线性关系。lgRHC 和 lgRB 的系数均为正，均符合假设，且均通过 t 检验，系数在 5%水平下显著。在显著性水平 0.1 下，$\chi_{0.9}^2(3) = 6.2511 \succ nR^2 = 2.8$，表明模型不存在异方差。$\lg RT^3$ 的系

数为负，表明房地产税与实际房价呈负相关，但是房地产税在 0.1 置信水平下不显著。模型表明引入税收变量后，商品房造价对实际房价的影响有所下降，但是下降幅度很小，系数从 1.223 变为 1.214。

增加房地产税三，实际房价会有所下降，方案三相比方案一、方案二，下降幅度有所增加，房地产税三每增加 1 个百分点，实际房价会下降 0.045 个百分点。据此计算考虑房地产税三因素，全国 14 个城市 2003 年到 2012 年商品房价格中存在的泡沫比例，如表 5-7 所示。

表 5-7　方案三下 2003—2012 年全国 14 个城市商品房价格中泡沫的比例

年份 \ 城市	北京	天津	呼和浩特	沈阳	上海	福州	济南
2003	-3.63%	2.91%	7.46%	5.06%	4.28%	9.82%	7.75%
2004	-0.37%	0.80%	2.32%	4.18%	15.32%	-2.73%	6.92%
2005	3.93%	13.22%	3.31%	-0.26%	7.38%	6.46%	16.97%
2006	17.46%	16.69%	11.62%	4.25%	8.51%	11.05%	2.73%
2007	13.42%	10.09%	9.45%	3.74%	4.51%	17.72%	5.11%
2008	20.14%	11.64%	6.64%	4.54%	6.52%	13.75%	5.23%
2009	9.46%	6.25%	4.22%	6.04%	3.83%	6.77%	5.09%
2010	5.44%	4.67%	10.67%	5.51%	10.85%	6.43%	7.18%
2011	12.22%	9.94%	16.56%	7.44%	22.71%	13.43%	12.44%
2012	6.60%	8.35%	3.48%	10.24%	5.41%	14.86%	12.41%
平均值	8.47%	8.46%	7.57%	5.08%	8.93%	9.75%	8.18%
年份 \ 城市	郑州	长沙	海口	重庆	西安	兰州	西宁
2003	6.95%	7.94%	7.96%	4.83%	7.51%	7.47%	6.60%
2004	0.57%	8.50%	-0.79%	1.62%	3.29%	8.28%	7.76%
2005	1.42%	-0.34%	4.02%	6.18%	13.20%	13.52%	2.73%
2006	11.76%	6.06%	9.72%	10.87%	4.94%	7.20%	4.65%
2007	7.35%	7.54%	4.15%	4.90%	8.19%	1.73%	4.48%
2008	10.08%	11.64%	11.59%	9.27%	3.13%	5.86%	9.54%

续表

年份＼城市	郑州	长沙	海口	重庆	西安	兰州	西宁
2009	9.28%	6.39%	16.38%	4.65%	5.99%	4.75%	11.45%
2010	5.26%	2.07%	11.96%	7.45%	3.62%	6.27%	4.12%
2011	6.79%	8.57%	21.44%	14.17%	3.71%	10.02%	4.35%
2012	9.06%	14.77%	7.05%	10.57%	14.38%	8.31%	7.08%
平均值	6.85%	7.31%	9.35%	7.45%	6.79%	7.34%	6.28%

（数据来源：计算整理得到）

房地产税三开征后，房地产泡沫占 2003—2012 年实际房价的比例，其均值由 7.936%变为 7.701%，下降了 2.92%。房地产税三同房地产税一、房地产税二相比，不仅对实际房价有较大影响，对房地产泡沫的抑制效果也是最大的。

第四节　我国房地产税制改革可采用的方案

一、不同房地产税制改革方案对房地产泡沫抑制效果评价

房地产泡沫一般是指由于投机等因素，导致房地产的价格在一个连续的过程中急剧上涨，初始的价格上涨使人们产生价格上涨的预期，大量的新买者进入市场，随着价格的上涨和投机资本的持续增加，导致房地产泡沫。本书借鉴 Abraham 和 Hendershott[70]把房价分成两个部分的理论，把房价分成两个部分，一部分是由经济基本面因素决定的基本价格；另一部分是由非经济因素，如投机等，决定的非基本价格。房地产泡沫包含于实际房价中，是由投资和投机因素决定的，因此，房地产税开征对房地产泡沫的抑制作用，应从其对实际房价的影响和对投资、投机的抑制作用两方面加以分析。

（一）对实际房价的影响

从表 5-4 的各方案回归结果可以看出，通过房地产税改革各方案与现行的房产税方案相比，将房地产税引入模型后，随着房地产税的增加，会引起实际

房价的下降。房地产税改革的不同方案，所含税种由方案一到方案三不断递增，房地产税对实际房价的影响也越来越大，现有房产税每提高一个百分点时，实际房价会下降 0.009 个百分点。当房地产税一每提高一个百分点时，实际房价会下降 0.011 个百分点。当房地产税二每提高一个百分点时，实际房价会下降 0.04 个百分点。当房地产税三每提高一个百分点时，实际房价会下降 0.045 个百分点。可见房地产税三对实际房价的影响最大，但是房地产税三同房地产税二相比，对实际房价的影响没有太大变化。

表 5-8　各方案回归结果

方案	回 归 结 果
现行房产税方案	$\lg \hat{R}HP_{it} = -0.411 + \alpha_i^* + 1.230\,5\lg RHC_{it} - 0.009\,1\lg RT_{it} + 0.064\,1\lg RB_{it}$ (−0.568 5)　(21.008 1)　(−0.226 0)　(3.254 6)
方案一	$\lg \hat{R}HP_{it} = -0.996 + \alpha_i^* + 1.219\lg RHC_{it} - 0.011\,1\lg RT_{it}^1 + 0.064\,1\lg RB_{it}$ (−1.734 1)　(20.626 5)　(−0.228 0)　(3.254 2)
方案二	$\lg \hat{R}HP_{it} = -0.729 + \alpha_i^* + 1.215\,1\lg RHC_{it} - 0.040\,1\lg RT_{it}^2 + 0.062\,1\lg RB_{it}$ (−1.077 6)　(20.894 2)　(−0.661 9)　(3.155 7)
方案三	$\lg \hat{R}HP_{it} = -0.687 + \alpha_i^* + 1.214\,1\lg RHC_{it} - 0.045\,1\lg RT_{it}^3 + 0.061\,7\,1\lg RB_{it}$ (−1.021 3)　(20.927 7)　(−0.746 4)　(3.141 3)

（二）对房地产泡沫的抑制效果

从表 5-8 各方案回归结果来看，随着房地产税的开征，反映房地产投资、投机情况的泡沫因子项 lgRB 的系数有所下降，可见，房地产税的开征对房地产泡沫起到了一定的抑制作用。从系数的变化来看，随着房地产税方案的变化，房地产税三引入模型后，投资、投机指标项的系数最小，表明房地产税三对房地产泡沫的抑制效果最好，但是房地产税三同房地产税二相比，该项系数变化很小。

从房地产泡沫占实际房价的比例来看，以北京地区为例，房地产税改革的三项方案同无税方案相比，房地产泡沫都有所下降，且下降比例，以方案三最大，下降比例为 3.56%。方案二次之，下降比例为 3.11%，方案一下降比例仅为

0.66%，如表 5-9 所示。

表 5-9　2003—2012 年不同房地产税方案下北京市房地产泡沫变化情况

	房产税方案	方案一	方案二	方案三
2003	−3.80%	−3.74%	−3.65%	−3.63%
2004	−0.40%	−0.38%	−0.37%	−0.37%
2005	4.10%	4.04%	3.94%	3.93%
2006	18.10%	17.99%	17.54%	17.46%
2007	13.90%	13.82%	13.48%	13.42%
2008	20.90%	20.74%	20.23%	20.14%
2009	9.80%	9.74%	9.50%	9.46%
2010	5.60%	5.60%	5.46%	5.44%
2011	12.70%	12.58%	12.27%	12.22%
2012	6.80%	6.80%	6.63%	6.60%
变化率 （同无税方案相比）	—	−0.66%	−3.11%	−3.56%

（数据来源：计算整理得到）

综上所述，房地产税改革的三个方案对实际房价及房地产泡沫均有一定的抑制效果，方案三由于所含税种最多，抑制效果也最大，房地产税二次之，房地产税一对房地产泡沫的抑制效果最小。但是，房地产税三同房地产税二相比，对房地产泡沫的抑制效果没有显著提高。

二、我国房地产税制改革宜采用的方案

当前房地产行业在宏观经济中占有较大的比重，属于国民经济支柱性产业，因此房地产领域的税制改革所涉及的利益群体众多。首先，房地产税制改革会影响地方政府的财政收入，特别是若施行房地产税改革方案三，将现有一次性征收的土地出让金改为按年征收，由于当前土地出让收入作为地方政府的主要收入来源，则势必导致地方政府的财政收入锐减。其次，房地产税制改革三项方案的共同点是将征税范围从仅向营业性住房征收变为也将自有住房作为征税

对象，这势必会加重拥有住房的普通家庭的税收负担。世界上多数国家都对居民的自有住房给予一定额度的税收减免。最后，经过本书回归模型结果验证，房地产税开征具有拉低实际房价的效果，同时由于房地产税向存量住房开征，可以提高房地产的持有成本，对抑制投资、投机需求有重要作用，一定程度上起到抑制房地产泡沫的作用。这些又共同对房价起到打压作用，对于尚未满足基本住房需求的群体是利好消息。因此如何平衡好地方政府、已有住房者、没有住房者三个利益群体之间的利益诉求，也即确定房地产税改革的政策目标，是选择房地产税改革方案的前提。

（一）明确房地产税改革的政策目标

税收是国家最主要的一种财政收入形式，是政府调节国民经济的重要手段，同时也是调节国民财富分配的重要工具，对保障社会公平，缩小贫富差距有重要作用。房地产税制改革不仅事关房地产行业，还关系到广大居民最基本的财产——住房。因此，房地产税制改革应该选取一种既能够保持国民经济持续、健康发展，又能最大限度地保证公民的基本财产权利得到保护的税收改革方案，即在房地产税开征的前提下，能保证房地产价格不随房地产税改革而有剧烈的波动，同时房地产泡沫应得到一定程度的抑制，以免影响广大居民正常的居住需求。

同时，还应该考虑将房地产税定义为一种地方税，赋予地方政府在房地产税方案选择上一定的权力。在税率的选择上也应给予地方政府一定的弹性空间，允许其根据地方房地产市场现状做一定范围内的调整。

（二）方案选择

1. 从开征难易程度也即改革的成本角度

方案三不仅涉及的税种多，而且还涉及对地方政府财政收入有重要影响的土地出让金，因此方案三的实施难度最大，其次为方案二，方案一的开征难度相对来讲是最低的。但由于要涉及众多的居民自有住房，方案一实施也有一定的难度。房地产税改革时各地政府应先界定好对于当地居民正常居住面积的免税额度，其次在对房地产价值进行评估时，应辅之以科学规范的评估程序，建立评估反馈机制，保障居民的正常利益不被侵犯；同时要做好房地产税改革的

各项宣传工作，增加居民对房地产税政策的理解。用这些方式结合起来降低改革的难度。若仅从开征难易程度来选择，则应本着先易后难的顺序，先选择方案一进行改革，其后为方案二，最后为方案三。

2. 从优化税制结构，降低房地产开发企业和普通居民的税负角度

由于税种合并具有明显的降低税负的效应，方案三无疑是三个方案中最好的方案。首先，方案三将土地出让金合并进入房地产税，对降低房地产开发中的土地成本有显著作用，可以降低开发成本，从而房价可以有一定幅度的下调。其次，方案三将多种税种进行合并，这些税种在现有税制结构下存在重复征收的问题，因此对其进行合并后将会解决重复征税的问题。同时在税种合并的过程中，另一项重要的工作是清理在房地产开发、流转环节的各种不合理收费，所有这些措施都将降低房地产企业的开发成本，并降低房地产交易成本，可以促进房地产供给量的增多，同时扩大二手房交易市场的规模，达到降低实际房价的效果。各方案实施的共同点是，增加保有住房的成本，一方面打击了投资、投机需求，另一方面相较于土地出让金收入的不可持续性，保有房产税的征收可以给政府带来更为稳定的财政收入。因此，房地产税制改革从优化税制的结构来看，也应该沿着方案一到方案二再到方案三的路径进行，如图 5-1 所示。

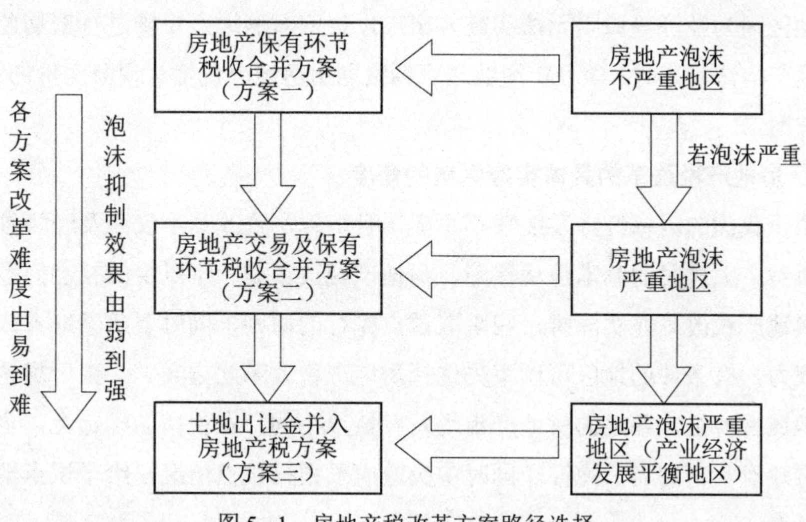

图 5-1　房地产税改革方案路径选择

3. 从房地产抑制泡沫角度

房地产泡沫在各个地区的严重程度也有较大差别，具体见表 5-4。同时房地产税改革的三个方案，对房地产泡沫的抑制效果也有所不同，方案三的抑制效果最大，方案二的抑制效果次之，对房地产泡沫抑制效果最小的是方案一。因此，房地产税改革也应借鉴目前房地产宏观调控政策，对各个地方进行分类调控的做法。对房地产税泡沫特别严重的地区，应当选取房地产税改革方案二或者方案三，具体应视当地经济发展情况而定。若各个产业均衡发展，政府财政对土地出让金的依赖程度较小，则应选取方案三。反之，则施行方案二，通过房地产税改革，使地方政府逐渐摆脱对土地财政的依赖。

4. 从房地产税改革推行时间的角度

鉴于我国目前广泛存在房地产泡沫，但尚未发展到系统性风险的阶段，应加快房地产税改革的步伐，以防范引起房地产市场的系统性风险。从前文的国际比较中可知，日本经济之所以受房地产泡沫破裂的影响如此之深，与日本房地产泡沫破裂后上调固定资产税税率有很大关系。各方案回归结果表 5-8 所示，房地产税增加会对房地产价格有一定的负面影响，虽然影响程度较低，但若在泡沫破裂之时提高税率，必然会扩大人们在经济危机时的恐慌情绪，将这种负面影响放大，会引起房地产价格更大的跌幅。所以，即使在房地产税改革后，一些地区因为经济等原因无法实施方案二，也应对房地产市场进行密切监控，当房地产泡沫较高时，学习新加坡政府频繁利用房地产税工具调节房价的经验，推行方案二。

5. 房地产税改革的具体实施区域的角度

由于我国的区域经济发展很不平衡，且房地产税改革不仅涉及经济领域，还关系到广大居民的基本住房保障，房地产税改革是一个重要的社会问题。因此，房地产税改革在实施时，应采取试点先行的原则，同时要赋予地方政府一定的权力，有条件的地区可以率先选择房地产税改革的方案二。由于房地产市场的地域性特征，各地的房地产市场发育情况不同，在税率的确定上，也要赋予地方政府一定的调节弹性。同时中央政府要根据试点情况，给予试点地区一定的补偿。

第六章 《

房地产税制优化的税收效应分析

第一节 房地产税制优化方案

对我国房地产税制改革的优化，参照上文方案三的思路进行细化，即将房地产税制优化的重点集中于房地产保有环节，开征保有环节的房地产税，具体思路设计如下：改革一次性缴纳土地出让金的方式，将土地出让金与保有环节现有的房产税、城镇土地使用税合并，统一称之为房地产税，在房地产保有环节逐年征收；适时取消土地增值税，借鉴国际经验，把土地增值税并入房地产税[103]。

一、优化土地出让方式

改革土地供应管理制度，将原来的土地批租制改为土地年租制，由一次性收取几十年的土地出让金改为一年收取一次土地出租金，改革后的土地年租金在土地保有期间课征，并且纳入房地产税。下面通过地方政府、房地产开发企业、消费者三个方面分析其合理性及有效性。

（一）从地方政府角度，有利于规范土地批租行为，促进土地出让的可持续性

在我国，大部分的土地出让金采用一次性缴纳的征收方式。即使采用分期缴纳的付款方式，我国政策也规定只有在土地出让金全部缴清之后，才可以办理土地登记并取得土地使用权证书，因此土地出让金的缴纳期限也被极大地缩短，与40～70年的土地出让期相比，可以笼统地将土地出让金认为是一次性缴纳的。

这种一次性缴纳土地出让金的方式，使得地方政府将土地租金未来几十年的收益一次性收取，并在短期内支出，实质上是对未来政府财政收入的一种透支。如若当年的财政收入不能满足地方政府财政支出，其必然的结果是地方政府继续不断出让有限的土地资源来获得数额庞大的土地出让金，用以满足当年的财政支出需要，陷入不断的恶性循环之中。这样短期内会出现土地的低效甚至无效利用，长期内将导致“无地可让”的局面。

改革土地出让方式，将土地出让金分摊在保有期间逐年征收，将能彻底改变地方政府短期内批地求财的模式，保证地方政府财政收入的稳定来源，合理规范土地批租行为，极大地提高土地的有效利用价值，促进土地出让的可持续性发展。

（二）从房地产开发企业角度，有利于降低房地产开发成本，降低房地产价格

土地成本在我国的房地产开发成本中占据较大比重，一次性缴纳巨额的土地出让金，使房地产开发企业的土地开发成本大大提高，为了规避风险并获取高额利润，开发商往往会将高昂的开发成本通过房价转嫁给消费者，从而导致房地产价格居高不下。同时，房地产行业对资金的要求，自觉地提高了房地产行业的准入门槛，行业内主体成员有限，自然缺乏有效竞争，这也是房价偏高的原因之一。

转变房地产开发环节一次性缴清全部土地出让金的模式，采取在房地产保有环节，由房地产所有者在房屋使用权期限内以年租金的形式逐年缴纳一定的费用，相当于将原来开发环节土地成本的负担从房地产开发企业转移到房地产所有者身上，可以有效地降低房地产开发企业的土地获得成本，从而使房地产开发成本相应降低；前期开发成本的降低将直接导致房地产价格的下降。同时，取消土地出让金，相当于降低开发商资金准入门槛，可以吸收更多的房地产开发企业进入房地产市场，有效促进房地产开发企业之间的良性竞争，促进房地产行业健康有序地发展。

（三）从消费者角度，有利于公平分配土地升值收益，均衡各方利益

伴随着国家的经济发展和社会进步，国家公有的土地价值也会相应地不断

提高。一是由政府投资建设引致土地价值的提高，政府加强基础设施建设和公用设施建设，土地及其上附着物建设不断改善，土地本身价值得到提升；二是社会投资辐射范围内土地价值的提高。各种社会投资，包括文化、商务、娱乐、住宅等的投资建设，活跃了投资区域土地的开发利用，土地价值也得到提高，并在一定程度上辐射带动周边地区。毋庸置疑，无论哪种投资建设，政府作为土地的所有者，都应该分享土地升值所带来的收益。然而在我国现行的房地产税收体制下，土地出让金和占据房地产税收绝大部分的相关税费在开发环节就已经基本缴纳，而房产所有人在获得房产所有权的同时，保有环节需要交纳的税费却寥寥无几，可以完全获得房产所占土地未来升值所带来的收益。这对于合理分配土地升值收益，均衡房地产相关方利益方面是不甚公平的。

从这个角度上来看，将土地出让金纳入房地产税，并在房地产保有环节按房地产价值的一定比例逐年收取，既使得政府能够获得后期投资建设所带来的土地增值收益，满足收益分配的合理性；同时房产所有人在保有期间按年缴纳房地产税，避免其完全获得土地收益，满足利益分配的公平性。

二、取消土地增值税

土地增值税是对转让国有土地使用权、地上的建筑物及其附着物并取得收入的单位和个人征收的一种税。土地增值税缴纳数额与纳税人转让时所得的增值额相关，并采用四级超率累进税率计算应纳税额，最低税率为 30%，最高税率为 60%。然而我国的土地增值税在理论上和实践上却存在一些不合理性，主要表现在以下方面。

（一）重复课税

通过对我国房地产税制现状及问题的研究分析可知，我国房地税收体制中的土地增值税和所得税存在着重复课税的现象，当土地和房产发生转让时，针对所得到的收益，除了征收土地增值税外，同时还要征收企业和个人所得税。这无疑是对房地产转让收益的二次课税，不但为国家的征税工作增加了不必要的重复工作，加重了纳税人的税收负担，同时也违反了我国税收的公平与效率原则。

（二）选用高税率

通过对国外房地产税制的分析，可以发现其房地产相关税收普遍采用的是较低税率的征税原则，与此相反，我国的土地增值税采用的却是较高的四级超率累进税率，最高税率可达 60%，人们在转让房地产时有可能要缴纳高额的土地增值税。这种适用高税率的行为，不仅违反了税收的基本原则，也加重了纳税人的负担，不利于房地产二、三级市场的发展[104]。

（三）实际征收的有效性较差

土地增值税的计税较为复杂，且累进税率相对较高，在实际征收过程中比较难以被纳税人所承受，纳税行动中常常遇到很多困难和问题，实施阻力较大，可能导致税收无法达到预期的效果，自然难以充分发挥其作用。而且随着我国房地产市场逐渐发展成熟，房地产价格将会趋于稳定与合理，此时土地增值税的作用也将被弱化。

鉴于土地增值税的不合理性，可以考虑将土地增值税取消，并采取其他市场化的、更有效的手段达到抑制房地产投机的目的。另外，考虑到政府行为（如修建地铁）产生的土地增值是在房地产转让的时候征收，如果房地产不存在转让行为，政府也就无法得到这种收益，这样就造成了税收流失，因此，有必要定期地评估不动产的价值增值并征收相关税收。

三、开征房地产保有环节的房地产税

税收制度的设计关键在于对税收要素的设计。税收要素一般包括纳税人、征税范围、征税对象、计税依据、税率、减免税优惠等。房地产税的税制设计必须符合最适课税理论，兼顾公平与效率，满足财政需要，并且具有良好的调控职能。

（一）纳税人

房地产税的纳税人可以定义为：在我国境内拥有土地使用权和地上建筑物所有权的单位及个人，包括自然人和法人。单位是指各类国有企业、集体企业、私有企业、股份制企业、外商投资企业、外国企业、行政单位、事业单位、社会团体及其他类型的组织和企业。个人是指所有中国公民和外国公民[105]。

（二）征税范围

房地产税的征税范围应在现行房地产税的征税范围的基础上扩大税基，包括城市、县城、城镇和工矿区，暂不扩大到农村，将全都营利性物业和部分非营利性物业纳入征税范围。把征税范围拓宽到部分非营利性物业，主要指居民自住用房产，这是房地产税优化的方向之一。

（三）征税对象

房地产税的征税对象应该包括土地及其附属建筑物，主要指土地和房产，其中房产包括住宅和经营用房产。

在征税对象模式的选择上，国际上主要有两种模式：① 房产与地产合并征收，以美国、加拿大、英国等为代表，按评估价值征收财产税；② 房产与地产分开各自征税，如中国台湾地区所设立的房屋税和地价税。我国房地产税制优化正处于起步摸索阶段，应该按照先易后难，先推进后完善的原则，采用房产与地产合并统一征税的模式。一方面是考虑到土地和建筑物的价值密不可分，在价值评估上难以明确划分；另一方面是满足提高征管效率和降低征收成本的要求。当条件成熟之后，再考虑实行所谓的“差别式财产税制”，将土地与房产分开各自征税，结合我国土地制度，突出房地产税促进土地可持续利用、合理分配土地收益的政策目标[106]。

（四）计税依据

征收保有环节的房地产税，考虑采用房地产市场的评估价值作为计税依据。

按市场评估价值征税，符合我国房地产税改革效率和公平的目标要求，评估中考虑的因素较全面，评估价值与市场价值之间偏差小，体现公平原则；能够实现对土地资源的有效配置，体现效率原则。同时，能够比较客观地反映房地产价值和纳税人的承受能力，有利于解决现行房地产税制存在的计税依据不合理的问题，规范房地产市场交易行为。

（五）税率

由于我国房地产税制优化正处于摸索阶段，过于复杂的税率，不仅大大增加了税制设计的难度，更将带来征收的高成本和低效率，因此，累进税率不仅无法发挥其优势，反而成为房地产税顺利推行的障碍。鉴于此种情况，在房地产税开征初期更适宜采用固定比例税率，尽量在简便易行的基础上追求效率与公平的最佳结合。

由于我国各地经济发展水平各异，贫富差距较大，由中央统一设定税率，无法保证其有效性与公平性，但是中央可以设定统一的税率范围，同时赋予地方政府一定的自由选择权，允许各地政府在该范围之内根据本地实际确定最终适用于该地区的房地产税税率。

我国房地产税的征收需要既能保证地方政府的财政收入，又不能使居民税负水平过高。即房地产税收入不应小于将合并至房地产税中的各税种的当前税收收入之和，有效保证地方政府不会因房地产税开征而导致税收收入减少；同时对于纳税人来说，房地产税的税率确定要格外慎重，以避免纳税人承担过重的税负[107]。

第二节　房地产税制优化对主要利益相关方的效应分析

税制优化与税收效应作为税制改革的两个方面，二者之间是相互作用，相互影响的。税收效应分析是建立在优化方案基础上，并对其方案实施效果进行评判，以验证优化方案的合理性与可行性；而税制优化方案的改革基于实现一定的预期目标，因此，它所产生的税收效应又是改革方案分析的必备环节。

基于税收的非中性效应理论，我国房地产税制优化必然会对市场经济运行、资源合理分配、社会公共抉择等产生相应的影响。税收效应分析主要研究两个方面：对房地产市场所涉及的主要利益相关方及房地产价格的效应影响。

一、对地方政府的效应分析

基于我国土地公有制，地方政府作为土地资源的所有者及土地转让的受益者，是房地产市场的重要参与主体。我国房地税制优化对土地出让方式的改革，必然会对地方政府产生一定的影响。这里通过建立地方政府目标函数，从经济

目标、政治目标和社会目标角度对其效应影响进行理论分析。

假定地方政府的目标函数[12]如下：

$$G_o = f(E_o, P_o, S_o) \tag{6-1}$$

式中：G_o ——地方政府总目标；

E_o ——地方政府经济目标；

P_o ——地方政府政治目标；

S_o ——地方政府社会目标。

我国房地产税制优化，土地出让金实行年金化，保证地方政府稳定的税收收入来源；保有环节的房地产税同样可以增加地方政府的财政收入；取消土地增值税，并将其纳入保有环节征收，有效均衡土地升值收益在房产所有者与地方政府之间的合理分配，从而整体增加地方政府收益，使 E_o 实现最大化。伴随着 E_o 的增大，房地产建设投资及其基础设施建设自然也会相应而生，地方政府通过提供优质的公共产品与配套服务，在提升 S_o 的同时，反过来促使 E_o 与 P_o 实现最大化。地方政府的三个目标之间相辅相成，在共同作用下实现整体目标的最优。

二、对房地产开发企业的效应分析

我国房地产税制优化改革后的方案，对于房地产开发企业的开发成本及行为模式必然产生一定的影响，本书通过建立房地产开发企业的供给函数及总成本函数对其进行理论分析。

（一）房地产税制优化前

房地产开发企业的供给函数及总成本函数[12]建立如下：

$$\begin{cases} S_t = a_1 + b_1 E(I_t) \\ E(I_t) = E(P_t) \cdot M - C \\ C = C_{\text{land}} + C_{\text{fee}} + C_{\text{other}} \end{cases} \quad 且 b_1 = \frac{\partial S_t}{\partial E(I_t)} > 0 \tag{6-2}$$

式中：S_t ——第 t 期房地产供应量；

$E(I_t)$ ——房地产开发企业对第 t 期房地产的预期收益；

$E(P_t)$ ——房地产开发企业对第 t 期房地产的预期价格；

M ——总销售面积；

C——项目总成本，包含土地成本即 t–1 期的初始土地价格 C_{land}、房地产开发期间的各项费用 C_{fee} 和其他成本 C_{other}；

a_1、b_1——系数；

$b_1 = \dfrac{\partial S_t}{\partial E(I_t)} > 0$ ——供应量 S_t 是预期收益 $E(I_t)$ 的增函数。

本节主要研究房地产税制优化后对房地产开发企业的效应影响，因此，此处假定上述函数中除去房地产税费改革之外的其他因素均为固定值，那么在此式中，房地产开发企业对第 t 期房地产的预期收益 $E(I_t)$ 主要取决于房地产企业第 t 期房地产的预期价格 $E(P_t)$ 与项目总成本 C，而项目总成本又主要由第 t–1 期的初始土地价格 C_{land}、房地产开发期间的各项费用 C_{fee} 和其他成本 C_{other} 组成。而土地出让金一般约占土地综合地价的 10%～60%左右。

（二）房地产税制优化后

房地产开发企业的供给函数及总成本函数建立如下：

$$\begin{cases} S_t = a_2 + b_2 E(I_t) \\ E(I_t) = E(P_t) \cdot M - C \\ C = C'_{\text{land}} + \sum R_{\text{a}} + (\sum T_{\text{w}} - \sum T_{\text{f}}) + C'_{\text{fee}} + C_{\text{other}} \end{cases} \quad 且 \quad b_2 = \frac{\partial S_t}{\partial E(I_t)} > 0 \tag{6-3}$$

式中：C——项目总成本，包含土地成本即第 t–1 期的初始土地价格 C'_{land}、保有环节土地年租金 $\sum R_{\text{a}}$、保有环节房地产税（$\sum T_{\text{w}} - \sum T_{\text{f}}$）、房地产开发期间的各项费用 C'_{fee} 和其他成本 C_{other}。

基于其他成本 C_{other} 不变的假设，上述函数关系告诉我们，房地产开发企业的总成本发生如下变化。

1. 土地成本的变化

第 t–1 期的初始土地价格由原来的 C_{land} 下降为 C'_{land}，变化幅度为原来的土地价格减去土地出让金；

2. 保有环节税收的变化

保有环节土地出让金按年收取 R_{a}，开征保有环节房地产税 T_{w}，同时考虑适当的税收优惠 T_{f}。因此，保有环节税收变为 $\sum R_{\text{a}} + (\sum T_{\text{w}} - \sum T_{\text{f}})$。

3. 开发期间的各项费用的变化

原来由房地产开发企业在开发环节所承担的各项费用由 C_{fee} 下降为 C'_{fee} 。

通过以上整体分析，房地产开发项目总成本 C 减少，在房地产 t 期的预期价格 $E(P_t)$ 不变的前提下，房地产开发企业 t 期的预期收益 $E(I_t)$ 必然会有所增加，进而促使 t 期房地产供应量 S_t 增加。因此，房地产税制优化改革对于房地产开发企业而言，降低其开发成本，提高预期收益，增加房地产供应量，整体上来说是利大于弊的。

三、对消费者的效应分析

下面通过建立消费者需求函数，对我国房地产税制优化改革后的税收方案对消费者的影响效应进行理论分析。

（一）房地产税制优化前

消费者需求函数[12]建立如下：

$$\begin{cases} D_t = a_1 + b_1 E(I) \\ E(I) = E(P_{t+1}) - P_t + \sum R_t - cT_{\mathrm{j}} \end{cases}, \quad b_1 = \frac{\partial D_t}{\partial E(I)} > 0 \tag{6-4}$$

式中：　D_t——第 t 期消费者的需求量；

$E(I)$ ——消费者的预期收益；

$E(P_{t+1})$ ——消费者对第 t+1 期房地产的预期价格；

P_t ——第 t 期的初始房地产价格；

$\sum R_t$ ——t 期的消费者租金收入之和；

T_{j} ——房地产流转环节税收；

a_1、b_1 ——系数；

c ——流转环节税收的转嫁系数，介于[0，1]之间；

$b_1 = \frac{\partial D_t}{\partial E(I)} > 0$ ——消费者需求函数是预期收益 $E(I)$的增函数。

（二）房地产税制优化后

消费者需求函数建立如下：

$$\begin{cases} D_t = a_2 + b_2 E(I) \\ E(I) = E(P_{t+1}) - P_t + \sum R_t - a_3 \sum R_a - b_3 \sum T_w - cT_j \end{cases}, \ b_2 = \frac{\partial D_t}{\partial E(I)} > 0 \quad (6\text{-}5)$$

式中： $\sum R_a$ ——消费者的土地年租金之和；

$\sum T_w$ ——保有环节的房地产税之和；

a_2、b_2 ——系数；

a_2、b_2、c——土地年租金、保有环节房地产税及流转环节税收的转嫁系数，介于[0，1]之间；

$b_2 = \frac{\partial D_t}{\partial E(I)} > 0$ ——消费者需求函数是预期收益 $E(I)$的增函数。

通过对比房地产税制优化前后消费者的预期收益 $E(I)$，可以发现由于进行税制优化改革，消费者在房地产保有环节税负增加，需要逐年缴纳土地年租金 $a_3 \sum R_a$ 与房地产税 $b_3 \sum T_w$，直接导致预期收益 $E(I)$的降低，从而抑制消费者购房需求的增长，使得消费者在满足自住需求的同时，有效地抑制投资、投机型购房需求。

房地产税制优化对主要利益相关方的效应影响可以通过图 6-1 综合表达。

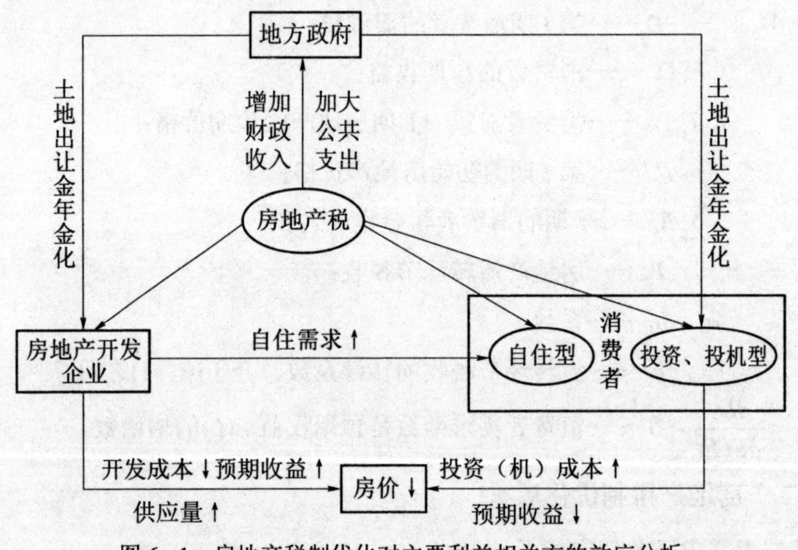

图 6-1　房地产税制优化对主要利益相关方的效应分析

第三节　房地产税制优化对房价的影响分析

一、从供求均衡角度分析

从供给市场来看，房地产税制的优化方案取消了房地产开发环节的土地增值税，并将需一次性支付的土地出让金在房地产保有环节分期缴纳，这样在很大程度上降低了房地产开发企业的开发成本，扩大了相应的投资规模，最终导致房地产市场的供给量增加。

从需求市场来看，房地产税制优化方案主张对房地产所有者逐年征收一定的税收，使得房地产保有环节的持有成本大大增加，消费者在满足自身居住前提之下，考虑到预期收益的减少从而谨慎购房，有效抑制投资投机，最终导致房地产市场的总需求量下降。

运用供求均衡的分析方法，如图 6-2 所示，房地产税制优化后，房地产市场供应量 S 增加，需求量 D 减少，将有效地降低房价。税制优化前的房价处于 P_1 水平，实行税制优化后由于供求曲线的移动，房价下降到 P_2 水平。当然，P_2 较之 P_1 的变动幅度，主要取决于房地产市场的供给弹性和需求弹性。供给弹性越小，房价下降得越多；需求弹性越大，房价下降得越多。我国房地产市场本身具有低弹性供给的特点，当前的供给弹性较小；同时，由于目前我国房地产市场的空置率较高，供给大于需求，当前的需求弹性较大。因此，供给弹性较小和需求弹性较大将使得税制优化的作用进一步加大，最终使房地产价格在有效需求点实现均衡。

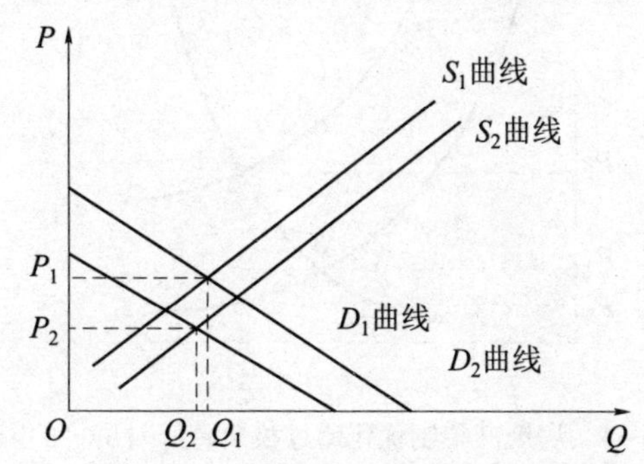

图 6-2　房地产税制优化通过供求均衡对房价的影响

二、从税负转嫁效应角度分析

税负转嫁是指纳税人通过提高销售价格或压低购进价格的方法，将税负转移给购买者或供应者的一种经济现象。在市场竞争中，价格能否变动，主要取决于市场供求状况。由于房地产税制优化主要是加大房地产保有环节的税收，使持有成本增加，因此，在不考虑供给成本变化的情况下，通过税负转嫁原理分析房地产需求变化对房地产价格的影响。

如图 6-3 所示，房地产税制优化后，房地产需求者由于预期要比之前多承担成本 C，导致需求曲线向右移动至 D_2，房地产价格下降至 P_2，其中，需求者通过需求弹性将应承担的成本 C 部分转嫁给了房地产供给者，而自己承担的实际成本部分为 P_2–P_3。因此，房地产需求者能否将房价推向合理，这取决于需求者的需求弹性。根据税负转嫁理论，需求弹性的大小与税负转嫁的难易程度成反向关系。需求弹性越大，需求者越能将房价抑制，并成功将房地产持有成本转嫁给房地产供给者。这说明从长期来看，房地产税对房价的影响与房地产供需关系密切相关，当供过于求，但却由于泡沫或商业炒作等非正常原因使房地产价格畸高时，房地产税就大部分向开发企业转嫁，表现为房地产价格下降，此时对房价的抑制作用就大。结合当前我国房地产现状来看，供过于求现象较明显，因此，通过房地产税实现房价的理性回归是完全可行的[12]。

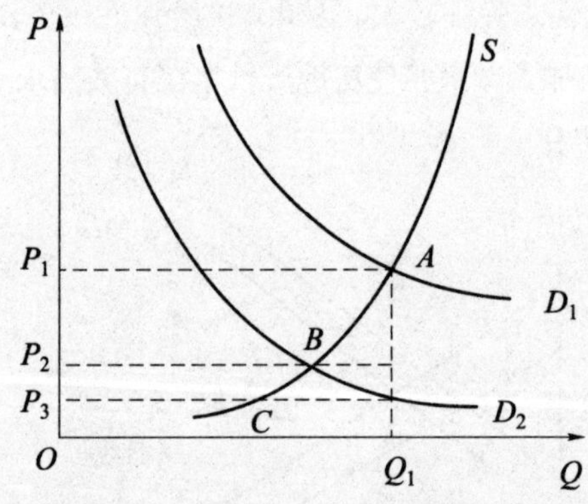

图 6-3　房地产税制优化通过税负转嫁对房价的影响

第四节　房地产税制优化对房价影响的系统动力学分析

在前面房地产税制优化的税收效应理论分析的基础上，本节通过建立系统动力学模型，定量分析房地产税制优化前后，房地产税收通过影响房地产市场各参与方的利益收入与行为模式，对房价所产生的影响，进而从定性与定量、理论与模型两个方面对税收效应进行分析。

一、系统动力学理论简介

（一）系统动力学的基本原理

系统动力学（system dynamics，SD）是将系统科学理论与计算机仿真紧密结合，研究系统反馈结构与行为的一门学科。它能够有效地把信息反馈的控制原理与因果关系的逻辑分析联系起来，定性与定量结合、整体综合推理来分析研究系统行为，是研究系统信息反馈动态行为的计算机仿真方法[108]。

系统动力学的基本原理就是，从研究系统的内部结构入手，将系统分析与系统综合相结合，通过专家群体的定性系统分析，建立系统模型，并对模型实施各种不同的定量联系，通过计算机仿真与反复磨合，实现从定性到定量的综合集成，寻求解决问题的正确途径。简单来理解，系统动力学就是用来理解系统中的所有量是如何与其他量相互影响的。系统中的所有人和物通过反馈循环来相互影响，随着时间的推移一个量的变化会引起其他变量的变化，也可能反过来又影响其原始变量的变化。

（二）系统动力学建模的步骤

用系统动力学模拟复杂社会经济系统，一般都采用逐步深入的研究方法进行分析，大致分以下六个阶段[109]。

1. 问题明确化，确定系统的边界

针对所要研究的系统问题，说明问题提出的背景、所涉及的系统范围、需要解决的问题、解决问题的途径及必须掌握的基本资料和数据。

2. 系统概念化，建立因果回路图

根据明确的问题和目标，将系统所涉及的各要素联系起来，建立一个足以解决问题并能表达系统诸要素之间的相互作用和信息反馈关系的因果回路图。

3. 模型格式化，形成存量流量图

考虑时间延迟、干扰作用、能否量化等系统的行为特点，在因果关系图的基础上，绘制出表达模型深层物理结构关系的存量流量图。

4. 关系方程化，模拟仿真测试

根据存量流量图，用数学方程表示因素之间的数量关系，形成一套系统动力学方程。将系统动力学方程及其所需参数值输入计算机进行模拟计算，来模仿系统过去的行为，得到模拟结果。

5. 模拟动态化，验证模型可行性

通过将得到的模拟结果与研究的现实情况进行对比，验证模型的可行性，当结果不尽如人意时，可以根据结果检验、分析所发现的问题，反馈到上述各有关步骤，从而逐步修正、调整模型及其参数，再进行模拟，直到达到满意为止。

6. 参数敏感化，策略评价分析

借助最终形成的模型，针对实际研究问题，调控相应参数，观察其变化对系统行为的最终影响程度，做出相应的政策分析。

（三）系统动力学方法的选取

本节关于房地产税制优化对房地产价格的影响分析，选取系统动力学作为主要的研究方法，主要基于系统动力学具有以下特点[110]，能够很好地满足文章研究的需要。

1. 弥补传统定量研究方法的局限性

系统动力学将定性与定量相结合，能够方便地仿真模拟复杂的大系统，特别是可以将社会经济一些不易量化的方面纳入系统结构中，加以分析和检验。房地产价格影响因素众多，其中不乏一些无法定量的因素存在，这也正是本书选用系统动力学作为研究方法的主要原因之一。

2. 数据依赖性不强

系统动力学是一种结构依存型模型，对数据要求不高，可以在历史数据残缺不全的情况下，进行分析研究。我国房地产市场真正发展的时间不长，历史数据有限，此方法正好可以弥补这方面的缺陷。

3. 相互关系明确，反馈回路直观

系统动力学的因果回路图明确地认识和体现系统内、外部各因素之间的相互因果关系，对系统内各种反馈回路，无论是直观的还是隐含的，均予以明示，这样能够很好地分析各因素对房地产价格的影响关系，包括本书的研究重点房地产税。

4. 动态监控，仿真预测

系统动力学能对系统设定各种控制因素，当输入的控制因素变化时，动态观察系统行为和对比变化；能对系统进行仿真预测实验，输入不同的参数，考察系统不同的状态和未来趋势。运用系统动力学，对比房地产税制优化前后房地产价格的变化，论证本书税制优化研究的合理性，从而对未来房价的预测，提供可行的政策建议。

二、系统动力学模型建立

通过房地产税制优化对房价影响的理论分析，可以看到房地产税制优化会引起房地产价格的相应变化。然而影响房价的因素众多，关系错综复杂，如何产生影响作用，具体的影响程度及能否以量化的形式表示，都是希望能够得到解决的问题，因此本书运用系统动力学的方法围绕房地产税对房价的影响进行系统研究。借助于系统动力学软件 Vensim，建立各因素对房价影响的因果关系，运用 2004—2013 年的历史数据进行系统仿真与模型检验，重点分析房地产税制优化前后对房价的影响，在此基础上预测房地产税对未来房价的影响效应。

（一）确定系统边界

本书此处主要研究的是房地产税制优化对房地产价格的影响效应，因此可以把研究对象界定为两个方面：房地产税与房地产价格。根据前一章对房地产税制的优化方案设计，在保证优化前后整体税负水平保持不变的前提下，主要存在三个方面的变化：① 土地出让方式的改变，使得一次性缴纳的土地出让金转变为分期在保有环节征收；② 取消土地增值税，开发、流转环节税费的减少；③ 将土地出让金与土地增值税一同纳入，保有环节房地产税收增加。在房地产价格方面，本书将房地产价格界定为商品房平均价格，根据国家统计年鉴的数据统计口径，进一步将其限定为我国房地产二级市场的商品房价格。因此，本书主要研究的是房地产税制优化对我国房地产二级市场的商品房价格的影响。

（二）因果回路图

因果回路图（causal loop diagram，CLD）是表示系统反馈结构的重要工具，可以直观地展示系统变量之间的相关性和反馈过程，清楚地展现系统的运行过程和变量间相互影响、作用的路径。变量之间通过因果链联系，因果链由箭头的形式表示相互促进或制约的关系，+箭头表示正关系影响，-箭头表示负关系影响。因果回路分为正反馈回路和负反馈回路，正反馈回路表示反馈效果的加强，即如果原因增加，结果将得到正向加强，并高于原来所能达到的程度；负反馈回路则是反馈效果的自我校正，如果原因增加，结果则向相反方向发展，低于它原来所能达到的程度[111]。

房地产价格的影响因素众多，在此参考相关学者的研究成果，结合本书房地产税制优化的研究重点，选取其中产生因果作用的相关变量，建立房地产税制优化对房地产价格影响的系统动力学因果回路图，如图 6-4 所示。

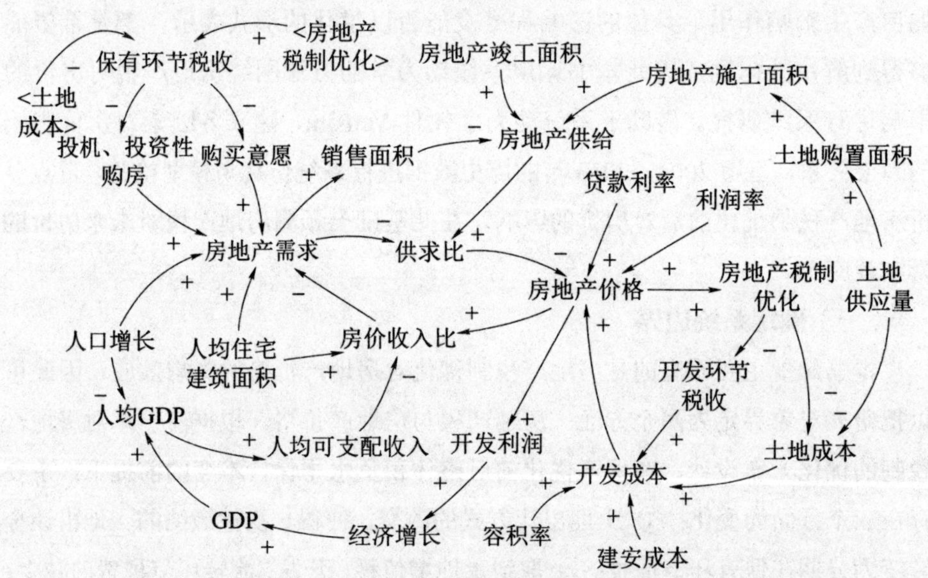

图 6-4　房地产税制优化对房地产价格影响的系统动力学因果回路图

其中，关于房地产税制优化与房地产价格之间的因果回路有三条。

1. 房地产价格→+房地产税制优化→+保有环节税收→–购买意愿（投机投资性购房）→+房地产需求→–供求比→–房地产价格

房地产价格居高不下，必然引起全社会的高度重视，而进行房地产税制优化成为呼声较高的措施之一。根据本书的研究思路，试图加大房地产保有环节的税负，开征房地产税。考虑到房地产持有环节税负加重，持有成本增大，消费者的购买意愿必然会受到影响，投机、投资性购房现象也相应减少，进而房地产需求降低，供求比增大，房地产价格降低。

2. 房地产价格→+房地产税制优化→–开发环节税收→+开发成本→+房地产价格

房地产税制优化取消土地增值税，开发及流转环节的税收减少，进而开发成本降低，房地产价格也相应降低。

3. 房地产价格→+房地产税制优化→土地成本→+开发成本→+房地产价格

房地产税制优化改变土地出让方式，开发环节的土地出让金合并到保有环节的房地产税中，土地成本降低，导致开发成本减少，从而降低房地产价格。

（三）存量流量图

因果回路图可以有效地表达系统要素之间的相关性和反馈过程，但是却无法表达系统中变量的性质，存量流量图正是在此基础上进一步区分变量性质，用更加直观的符号刻画系统要素之间的逻辑关系，明确系统的反馈形式和控制规律。考虑到保证模型的正确性、可操作性及可采集数据的范围，将因果回路图简化处理，选取其中的主要因素，如房地产价格、房地产需求、房地产供给、土地成本、供求比、房价收入比、开发税率、保有环节税率等，建立系统动力学存量流量图，如图 6–5 所示。

（四）相关参数说明

系统动力学存量流量图中涉及四种主要参数，分别是状态变量、速率变量、辅助变量和常量，通过它们之间的相互关系共同构成系统的逻辑结构。

1. 状态变量

状态变量（level variable）是描述系统积累效应的变量，能够反映物质、能

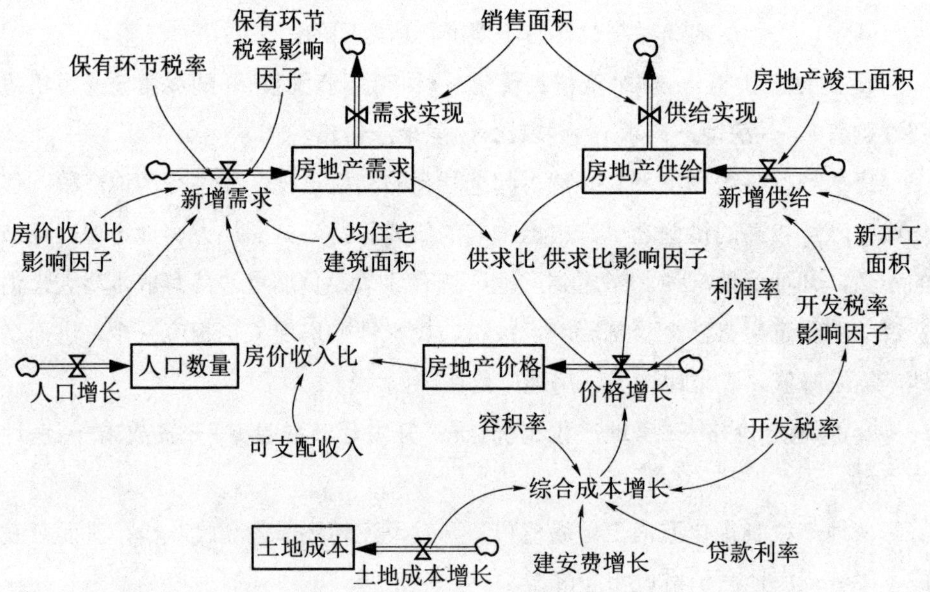

图 6-5　房地产税制优化对房地产价格影响的系统动力学存量流量图

量、信息等对时间的积累，它的取值是系统从初始时刻到特定时刻的物质流动或信息流动积累的结果。因此，在系统中其值可以在任何瞬间观测（时点数）。

1）房地产价格

房地产价格是指当年的全国商品房平均销售价格，取 2004 年全国商品房平均销售价格 2 778 元/m^2，作为模型中房地产价格状态变量的初始值，在此基础上，按价格增长逐年计算。

2）房地产需求

2003 年商品房销售面积为 33 717.63 万 m^2，假定当年有 60%居民的实际购房需求得到满足，所以设定 2004 年房地产需求变量初始值为 56 196.05 万 m^2。

3）房地产供给

房地产供给包含现房供给和期房供给两个方面，通过大量的资料分析，结合房地产政策及市场实际情况，在此将当年的房地产竣工面积计入现房供给量，考虑按照新开工面积的 60%计入当年的期房销售面积。按此计算得到 2004 年的房地产供给总量初始值为 78 740 万 m^2。

4）土地成本

土地成本是指用于房地产开发的土地的全国平均价格，根据本书研究内容，土地出让金的变化可以对应于此处的土地成本。这里取 2004 年土地平均价格初始值 1 198 元/m^2。

5）人口数量

人口数量是指我国当年的城镇人口数量，参考我国统计年鉴，2004 年的城镇人口数量初始值为 54 283 万人。

2. 速率变量

速率变量（rate variable）是描述系统的累计效应变化快慢的变量。它描述了状态变量的时间变化，反映了系统的变化速度或决策幅度的大小，是数学意义上的导数。因此，在系统中其值不能在瞬间观测，而可以观测它在一段时间内的取值（区间数）。

1）价格增长

价格增长是指全国商品房平均销售价格较上一年的增长值，其大小受到综合成本增长、供求比、利润率等因素的综合影响。

2）新增需求

新增需求是指当年房地产需求的同比增长量，其大小受到诸多因素的影响，在下文关系方程中详细介绍。

3）新增供给

新增供给指相对于上一年，当年新增的可用于房地产销售的供给数量，其值的大小受到当年房地产竣工面积和当年新开工面积的共同影响。

4）土地成本增长

土地成本增长表示当年的土地平均价格相较于上一年的增长量，可以通过统计数据简单计算得到。

5）人口增长

人口增长是指当年城镇人口的同比增长量，这部分人口包括自然增长（出生人口和死亡人口数量）和机械增长（迁出人口和迁入人口），可以直接来源于国家统计局统计年鉴中的数据。

3. 辅助变量

辅助变量（auxiliary variable）是表达决策过程的中间变量，是描述决策过程中间变量的变量。它是描述决策过程的中间环节，是分析反馈解结构的有效手段，也是系统模型化的重要内容。

1）供求比

供求比是指市场能够提供的房地产供给总量与房地产需求总量的比值。

2）房价收入比

房价收入比是指为人均住宅建筑面积与房地产价格的乘积除以人均可支配收入。

3）房价收入比影响因子

房价收入比影响因子是指房价收入对房地产需求的影响程度，这种影响是通过作用于当年的房地产新增需求而发生的。书中的其他影响因子与此原理类同。

4）贷款利率

本书中的贷款利率取 1～3 年商业银行贷款利率，对于同一年份利率多次变化的，以其加权平均值作为当年的利率值。

4. 常量

常量（constant）是指在研究期间变化甚微或者相对不变的量，一般为系统中的局部目标或标准。

1）开发税率

开发税率是指在整个房地产开发、流转环节所缴纳的房地产税费的综合税率。通过大量文献查阅和数据分析、研究表明，房地产相关税费在我国目前房地产开发成本构成中所占比例较大，一般在 15%～25%左右。根据上文我国房地产税制现状研究，目前我国房地产税收“重流转轻保有”，开发流转环节的税费比重较大，约占全部税费总额的 95%。因此，本书将开发税率取为 20%。

2）保有环节税率

保有环节税率主要是指房地产保有环节由土地使用人或房屋所有人所缴纳的税费，如城镇土地使用税、房产税。依据上述保有环节税收所占比重较低，这里将保有环节税率取为 3%。

3）容积率

容积率是表示总建筑面积与用地面积的比例，其大小主要受项目类型的影响。在我国，商品住宅的类型一般以小高层和高层项目为主，其中小高层项目容积率一般为 2～3 之间，高层项目容积率一般在 3 以上。因此，本书将容积率设定为 3[112]。

三、系统动力学模型仿真

（一）模型方程

根据存量流量图各变量之间的逻辑关系，建立相应的模型方程，形成完整的系统动力学运行系统。各变量数据均来自于中国统计年鉴及相关统计资料总结归纳而确定。模型中涉及的主要方程如下。

房地产价格=INTEG (价格增长，2 778)。INTEG()为 Vensim 软件中的累计相加函数

价格增长=综合成本增加 ×(1+利润率)×供求影响因子(供求比)。根据经验利润率取 20%

综合成本增长= (土地成本增长/容积率+建安费增长/0.65)×(1+3×贷款利率/100)×(1+开发税率)

参考相关研究资料，建安费用约占开发成本的 65%左右。

新增供给= 房地产竣工面积+0.6×新开工面积

新增需求= 房价收入比影响因子(房价收入比)×人均住宅建筑面积×人口增长×保有环节税率影响因子(保有环节税率)

房地产供给= INTEG (新增供给−供给实现，78 740)

房地产需求= INTEG (新增需求−需求实现，56 196.05)

房价收入比= 人均住宅建筑面积×房地产价格/可支配收入

土地成本= INTEG (土地成本增长，1 198)

人口数量= INTEG (人口增长，54 283)

（二）仿真检验

根据建立的系统动力学模型存量流量图及现状条件下的各参数赋值，采

用 Vensim 软件计算得出 2004—2013 年的全国商品房价格仿真模拟结果，从而进行模型的有效性检验。通过分析仿真结果和现实的实际数据的一致性，将模型部分运行结果的模拟趋势与历史数据进行对比，计算两者之间的相对误差，得到表 6-1。

表 6-1　2004—2013 年全国商品房价格实际值与仿真值对比表

年份	2004	2005	2006	2007	2008	2009	2010	2011	2012	2013
实际值	2 778	3 168	3 367	3 864	3 800	4 681	5 032	5 357	5 791	6 237
仿真值	2 778	3 043	3 105	3 662	3 742	4 379	5 181	5 634	5 926	6 442
相对误差	0	-3.95%	-7.78%	-8.85%	-1.53%	-6.45%	2.96%	5.17%	2.33%	3.29%

通过上面对比可以发现，70%以上年份的商品房价格的相对误差的绝对值都在 6%以内，只有个别年份的相对误差的绝对值超过 6%，但也能控制在 10%以内。对于两组数据的比较，可以通过图 6-6 直观地看到房地产价格的模型仿真结果与实际价格走势相同，基本吻合，因此，可以认为本书建立的系统动力学模型通过有效性检验，具有一定的真实性和准确性。

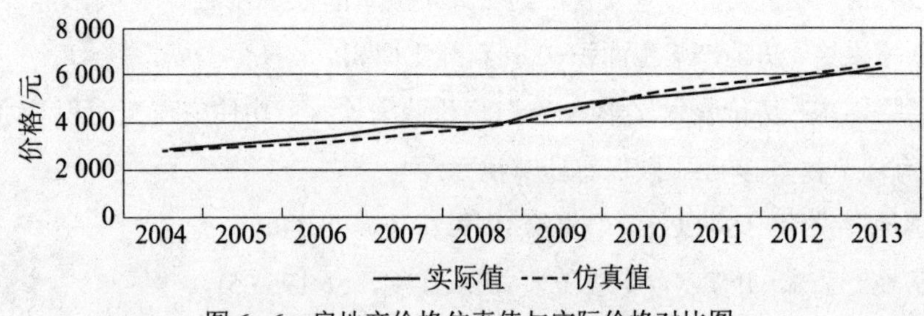

图 6-6　房地产价格仿真值与实际价格对比图

（三）模型预测

本书所提出的房地产税优化方案，建立在上述系统动力学模型基础之上，根据优化措施，对重要税收因素进行变动，并检验其运行结果是否能够达到预期优化目标，实现本书的研究价值。

税制优化后，关键变量的变化主要表现在以下三个方面：① 在开发环节不再缴纳土地出让金，土地成本为零；② 取消土地增值税，则房地产开发流转环节税费减少，开发税率降低，考虑到土地增值税约占房地产税费的5%，可以将优化后的开发税率假设为17%；③ 提高保有环节税率，加大保有环节的税收力度，将土地出让金与土地增值税并入房地产税。考虑到土地成本约占开发成本的30%，因此，税制优化后的保有环节税率假设为55%，则模型模拟得到2004—2013年的房地产价格，如表6-2所示。

表6-2　2004—2013年房地产价格模拟结果

年份	2004	2005	2006	2007	2008	2009	2010	2011	2012	2013
实际值	2 778	3 168	3 367	3 864	3 800	4 681	5 032	5 357	5 791	6 237
模拟值	2 377	2 695	3 037	3 466	3 610	3 969	4 257	4 669	4 874	5 225

上表模拟得到的2004—2013年的房地产价格数据与实际数据相比，有所下降。现通过图6-7直观地显示税制优化后对房价影响的走势，以缓慢的增幅上涨，并且低于实际数据。由此可见，对房地产税制进行优化整合，能够对房价起到一定的抑制作用，限制其过快增长。

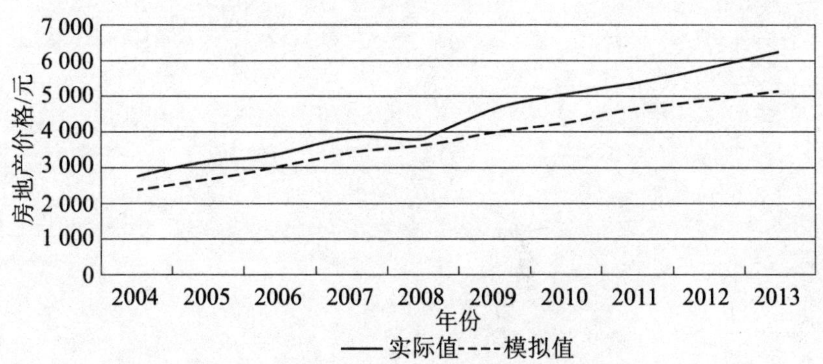

图6-7　税制优化后房地产价格模拟仿真值与实际值对比图

本章通过理论建立地方政府目标函数、房地产开发企业供给函数及消费者需求函数，从理论运行机制方面推导了房地产税制优化后的方案对市场各参与方的影响效应；进而运用供求均衡与税负转嫁理论，得出改革方案对房地产价格的抑制作用。在前文推导分析的基础上，本章借助于系统动力学模型，通过建立因果回路中各因素之间的相互影响关系，将税制优化变动对房价的影响通过数据、图表直观地表现出来，进一步验证了上文税制优化方案的有效性与可行性。

第七章

结论和建议

第一节 结　论

第一，通过分析我国房地产税收制度、房地产泡沫研究的现状，从中发现存在的漏洞及问题，发现我国现行税制中存在着许多有违税收原则，不利于实现税收目标的不利因素，由此可见对我国房地产税制进行税制优化具有一定的必要性；继而比较分析国外成熟市场经济国家的成功经验，分析不同税制的特点和适用条件，为我国的房地产税制优化设计提供借鉴。

第二，通过分析税收制度与房地产泡沫的关系，介绍发达国家房地产税收制度及各国利用房地产税抑制房地产泡沫的经验和教训。国外部分介绍新加坡、日本这些国家的房地产泡沫，以及它们利用房地产税收制度对本国房地产泡沫治理的经验和教训。我国房地产税改革应吸取日本在房地产税改革上的教训，即在房地产泡沫破裂之后才仓促提高固定资产税率的做法，进一步加深了房地产泡沫对日本经济的不良影响。同时，应学习新加坡政府利用房地产税对房地产市场进行有效调控的方式。

第三，利用面板数据对不同房地产税改革方案对房地产泡沫的抑制效果进行定量分析，并对抑制效果进行比较。建立回归模型，对我国 14 个大中城市 2003 年到 2012 年间房地产泡沫进行度量。结合房地产税改革三个比较有代表性的方案：对房地产保有环节税收合并的改革方案（方案一）；对房地产流转及保有环节税收合并的改革方案（方案二）；对土地出让金及房地产流转、保有环节税收合并的改革方案（方案三），建立了四个回归模型，分别是不考虑房地产税收的模型和引入房地产税三个方案的模型，计算出 14 个城市从 2003 年到 2012 年的房地产泡沫在实际房价中所含的比例。同时回归模型显示，房地产税一、房地产税二、房地产税三都与实际房价负相关，提高房地产税，会导致实际房价的下降。同时提高房地产税会降低房地产泡沫占实际房价的比重。提高房地税，实际房价和房地产泡沫占实际房价比重下降最多的均是房地产税方案三，房地产税方案二次之，房地产税方案一抑制效果最差，同时房地产税三和房地产税二相比抑制效果差别不大。

第四，根据模型回归结果，明确我国房地产税改革的政策目标及实施路径。本书最后明确我国房地产税改革的政策目标应该是：在保证房地产市场健康发展的前提下，房地产泡沫应得到一定程度的抑制。建议我国房地产税改革应分地区根据实际情况实施不同的方案，对房地产泡沫较严重的地区应优先实施方案二或方案三。对房地产泡沫不太严重的地区，为降低改革的难度，则可以先实施房地产税改革方案一，并适时实施房地产税改革方案二。

第五，结合上文的方案三，对其进行细化，并从理论与模型两方面来论证其合理性与有效性。运用税收效应理论，分析房地产税制优化对主要利益相关方（地方政府、房地产开发企业及消费者）的影响效应；通过供求均衡与税负转嫁原理，定性论证税制优化后对房地产价格的影响作用；同时建立系统动力学模型，试图更加直观清晰地定量表示税制优化对房地产价格的影响大小与趋势。

最终结论告诉我们，对我国房地产税制进行优化，开征保有环节的房地产税，能够增加地方政府财政收入，均衡各方税收负担，实现资源优化配置，同时对居高不下的房价起到一定的抑制作用。在此基础上，书中提出房地产税制优化的政策建议，为建立一个科学有效、公平稳定的房地产税收体系，实现房地产业健康稳定发展做出积极的贡献。

第二节　房地产税制优化的建议

一、改革土地出让制度，满足税收财政原则

税收是调节经济的重要杠杆，国家应运用税收政策，调控社会经济行为，从而促进社会经济的健康协调发展。房地产税制优化，改变土地出让方式，开征保有环节的房地产税，使之成为地方财政收入的主要来源，有利于增加地方税收收入，为地方经济建设提供持续的、稳定的财力支撑[113]。这是房地产税收财政功能的集中体现。

改变土地出让制度，逐年收取土地年金，可以均衡政府的长期财政收入，不论是哪届政府出让土地使用权，分期缴纳税费使得每届政府都会获得稳定的收入，按照房地产市场价格计税，使得财政收入与土地、房屋价值直接挂钩，促使地方政府改变其短期行为，将更多的精力真正放在发展经济上，从长远利益考虑房地产市场投资环境，同时改善当地的硬环境和软环境，保证市场的可持续发展。

将税费归并为保有环节的房地产税是最适合作为地方政府主要收入来源的税种。扩大税基将住宅纳入征税范围，即使采用较低的税率也可为地方政府带来可观的财政收入；并且，随着经济发展和城市化进程，国家和地区应纳房地产税的房地产总价值总是呈长期增长趋势，税收收入也将随之增长，从而保证地方政府有足够的财政收入；同时，基于房地产非流动性的特点，房地产税收收入来源稳定。通过以上分析，改革土地出让制度，开征房地产税，必将成为地方政府财政收入的重要来源。

二、合理选择和实施房产税改革方案，发挥税收杠杆效应

对房产税改革的三个方案都有利于降低房价。房地产税改革的最终目标是实行房地产税改革方案三。建议我国房地产税改革应分地区根据实际情况实施不同的方案，对房地产泡沫较严重的地区应优先实施方案二或方案三。若各个产业均衡发展，地方财政对土地出让金收入依赖较低，则应该取方案三；若地

方财政对土地出让金收入依赖较高，则应该选择方案二；对房地产泡沫不太严重的地区，为降低改革的难度，可以先实施房地产税改革方案一，待时机成熟再选择方案二、方案三。同时，鉴于房地产税各改革方案的难易程度，从方案三到方案一，难易程度递减。在房地产税改革方案的实施过程中，由于房地产税属地方税，因此，改革时也应赋予地方政府一定选择的权力，在税率的制定上要给予一定程度的弹性空间，允许地方政府根据当地房地产市场的具体情况选取合适的方案和适合的税率。

三、合理设计税制要素，满足税收公平原则

为实现房地产税收促进社会收入分配公平的目标，房地产税制优化要坚持税收公平的原则，在税制设计上满足“宽税基、低税率、重优惠”的要求。

考虑到普遍原则，税制设计时应体现房地产税纳税对象的普遍性，将尽可能多的不同性质的不动产纳入征收范围，外延上扩大税收的覆盖面，做到宽税基。与此同时，可以制定适当的税收优惠政策，实现税收惠及人人。

税收的纵向公平要求纳税人承担的税收负担应该与其经济能力相适应，纳税条件不同的纳税人需要追求税负均衡。在税制设计时可以充分利用起征点、扣除额、减免税政策等方式实现量能负担，选择合理税率，实现公民的税负公平。

四、注重简化征税过程，满足税收效率原则

税收效率原则主要体现为行政效率和经济效率两个方面。

（1）行政效率方面，加强税收征管制度，重视征管成本和征管质量。从成本的角度分析，税收征管支出占据征税成本的主要部分，复杂烦琐的税制会造成税收征管成本的增加，所以要力求税制标准简化明确，征税环节流畅顺利[114]。从效应角度分析，规范房地产税费市场，强化税收对费用的替代效应，突出税收对地方财政的贡献，可以约束地方政府不正常的收费行为，降低房地产开发企业总体税费负担。

（2）经济效率方面，调整不同环节税收负担，加大保有环节的税收力度。

开征保有环节的房地产税，原来由房地产开发企业为消费者代缴的税费分期由业主缴纳，可以降低房地产开发企业的开发成本；同时，房地产的持有成本增加，会抑制消费和投机性需求，开发商也会根据需求变化调整供给结构，加快房产周转，提高房地产资源的利用效率，促进房地产资源的有效配置，从而对房地产市场的健康发展起到积极的作用。

第三节　房地产税改革面临的困难

房地产税改革方案中将自有住房作为征税对象，并用评估价值作为评税基础，在我国当前阶段主要面临三个方面的问题需要解决，即法律层面、信息层面、评估技术层面。

一、法律层面

我国房地产税改革面临的第一个障碍即来自法律层面，因为尚无关于房地产税的专门法律，在房地产相关税收征收领域，我国目前只有由国务院颁布的暂行条例，如《中华人民共和国房产税暂行条例》（1986年实施）、《中华人民共和国城镇土地使用税暂行条例》（1988年实施，2007年修订）等。我国2004《宪法（修正案）》和2007年颁布施行的《物权法》都规定对私有财产进行保护。因此，当2011年上海、重庆两地宣布进行房地产税改革时，即受到了相关专家学者对其程序合法性的质疑。

房地产税改革政策目标是面向包括居民自有住房在内的所有住房，必然牵涉公民的私有财产的问题，因此，需要有相关的法律来对征税涉及的纳税人、征税对象、计税依据、税率和税收征收管理等进行规定。房地产税改革的方案三相关内容还涉及土地出让金的改革，因此，还会涉及《土地管理法》《城市房地产管理法》等。在我国，法律的制定和颁布需要经过法律案提出，并经过相关草案的起草、审核、颁布等一系列程序，最后经全国人大及其常委会审核批准，经国家主席批准才能颁布，期间程序严格，需要耗费一定的时间。以2014年11月12日国务院发布的《不动产登记暂行条例》为例，因为涉及的利益主体和部门较多，从2007年《物权法》第一次明确规定不动产登记到《不动产登记暂行条例》的公布即用了将近八年时间。房地产是公民最主要的不动产，因此，涉及房地产税相关法律的制定也需要较长的时间。

由于房地产市场属于区域性市场，房地产税也属于地方税。目前我国的地方税收立法权由中央统一制定，地方很少有自主调节的权力，因此，有必要对地方的税收管理权限进行改革，只有使地方能享有一定的税收立法权，才能更好地调动地方政府的积极性，推进房地产税改革，这些都需要来自法律层面的支持。

二、信息层面

随着《不动产登记暂行条例》的实施，国土资源部将会建立统一的不动产登记信息管理平台，这将在信息层面对房地产税改革提供有力的支持。建立全国统一的不动产信息管理平台，才可以真正地了解纳税人的实际住房情况，进而对其进行征税。但由于《不动产登记暂行条例》到 2015 年 3 月 1 日起才开始实施，房地产的登记工作量巨大，实施过程中势必会遇到来自相关利益群体的阻力，建立准确有效的房地产信息管理平台也是房地产税改革需要克服的一个难题。

三、评估技术层面

房地产税改革后，税基评估工作量是巨大的，当前我国还缺乏大量专业评估技术人员。

我国从2003年开始加快房地产税评估的改革进程，并且选择北京、丹东、重庆、南京、深圳和宁夏吴忠市 6 个城市作为首批改革试点地区，开始了在我国探讨研究批量评估的历史。试点城市开展的房地产税试评估均是在房地产税未进行征收的前提下开展的。房地产税基批量评估技术在我国的应用遇到的困难主要有：基础数据不全，没有建立起满足批量评估技术要求的数据库，评估机构专业技术人才不足[115]。

考虑到我国经济发展的区域性不平衡问题，批量评估技术在前期的巨大投

入也是一个难题，例如，地处西北的宁夏吴忠市就因为缺乏专业技术人员没有完成 CAMA 系统的开发。据统计英国评估成本大概是应纳税额 2.5%，美国马里兰州每年对 70 万处房产进行评估作业，其费用为 3 200 万美元[116]。

第四节　本书存在的不足

第一，由于房地产从开发到最后交付使用，涉及的环节众多，因此影响房地产实际价格的因素很多，例如，房地产市场的实际供给量、房屋的地理位置、户型等。在将房地产税因素考虑进来以后，还涉及政府的公共支出等因素，但实际研究中，本书选用了面板数据对房地产泡沫进行度量，虽然仅研究了 14 个城市 10 年的数据，但每增加一个变量，即需要增加 140 个原始数据，限于作者的精力有限无法对这些因素进行一一考虑。这必然导致在计算房地产市场的泡沫时得出的数据与实际泡沫度有一定的差距。

第二，我国房地产市场真正开始快速发展是在 1998 年以后，对房地产市场比较全面的统计数据则多集中在 2002 年以后，因此，本书在研究中在数据方面受到的限制，是所面临的最大的一个问题。房地产市场具有明显的区域性特点，因此，本书在研究中选择以城市为研究对象，但是经过数据搜集发现，我国各城市之间数据统计资料相差比较大，实际最后能取得本书所需数据的仅有 14 个城市，且只有 2003 年到 2012 年的数据比较全。由于数据区间过短，限制了本书对模型的使用，无法对数据做协整检验。最后在做回归分析时，由于人均 GDP（lgRPGDP）和实际利率（lgRR）无法通过检验，只能舍弃，仅剩余商品房造价成本和投资、投机指标两个变量，这对回归结果有较大的影响。

第三，本书同以往研究相比最大的特点是使用了面板数据，面板数据同截面数据和时间序列数据相比，增加了样本的时间度和维度，能更好地对因变量进行解释。但同时由于面板数据属于计量经济学中比较前沿的方法，因此对其所做的研究有限。对数据进行回归时，处理的方法有限，当变量无法通过检验时，在现有阶段只能选择舍弃变量，这会对回归结果造成较大的影响。随着面板数据研究方法的不断突破，以及我国统计数据的增加，希望这些问题能得到解决。

第四，本书对于税制优化仅仅停留在框架结构层面，对于税制设计的具体细节没有深入研究到位，例如，税率的设计始终没有一个确切的定位。因此，对于优化方案的理论分析及模型检验，也只能是大致方向上的模拟与预测，量化不够具体准确。今后的研究应该重点加强对税率的确定，力求对房地产税制优化提出一个完整而确切的方案。

附录 A　Eviews 运算结果

本书相关的 Eviews 运算结果如图 A-1～A-7 所示。

Pool unit root test: Summary
Series: LGRHP_BJ, LGRHP_SH, LGRHP_TJ, LGRHP_CQ, LGRHP_SY, LGRHP_HT, LGRHP_FZ, LGRHP_JN, LGRHP_ZZ, LGRHP_CS, LGRHP_HK, LGRHP_XA, LGRHP_LZ, LGRHP_XN
Date: 12/25/14 Time: 21:53
Sample: 2003 2012
Exogenous variables: Individual effects
Automatic selection of maximum lags
Automatic lag length selection based on SIC: 0 to 1
and Bartlett kernel

Method	Statistic	Prob.**	Cross-sections	Obs
Null: Unit root (assumes common unit root process)				
Levin, Lin & Chu t*	-0.68336	0.2472	14	125
Null: Unit root (assumes individual unit root process)				
Im, Pesaran and Shin W-stat	4.35490	1.0000	14	125
ADF - Fisher Chi-square	10.9486	0.9984	14	125
PP - Fisher Chi-square	25.0346	0.6259	14	126

** Probabilities for Fisher tests are computed using an asymptotic Chi-square distribution. All other tests assume asymptotic normality.

图 A-1　lgRHP 单位根检验结果

Pool unit root test: Summary
Series: LGRHP_BJ, LGRHP_SH, LGRHP_TJ, LGRHP_CQ, LGRHP_SY, LGRHP_HT, LGRHP_FZ, LGRHP_JN, LGRHP_ZZ, LGRHP_CS, LGRHP_HK, LGRHP_XA, LGRHP_LZ, LGRHP_XN
Date: 12/25/14 Time: 22:04
Sample: 2003 2012
Exogenous variables: Individual effects
Automatic selection of maximum lags
Automatic lag length selection based on SIC: 0 to 1
and Bartlett kernel

Method	Statistic	Prob.**	Cross-sections	Obs
Null: Unit root (assumes common unit root process)				
Levin, Lin & Chu t*	-12.5179	0.0000	14	107
Null: Unit root (assumes individual unit root process)				
Im, Pesaran and Shin W-stat	-4.54591	0.0000	14	107
ADF - Fisher Chi-square	73.6195	0.0000	14	107
PP - Fisher Chi-square	63.8305	0.0001	14	112

** Probabilities for Fisher tests are computed using an asymptotic Chi-square distribution. All other tests assume asymptotic normality.

图 A-2 lgRHP 一阶差分单位根检验结果

Correlated Random Effects - Hausman Test
Pool: NEW2
Test cross-section random effects

Test Summary	Chi-Sq. Statistic	Chi-Sq. d.f.	Prob.
Cross-section random	0.161275	3	0.9836

Cross-section random effects test comparisons:

Variable	Fixed	Random	Var(Diff.)	Prob.
LGRHC?	1.218963	1.215024	0.000125	0.7247
LGRB?	0.063528	0.063968	0.000002	0.7565
LGRT1?	-0.010922	-0.011706	0.000115	0.9418

图 A-3　随机效应的 Hausman 检验结果

Dependent Variable: LGRHP?
Method: Pooled Least Squares
Date: 01/05/15 Time: 00:50
Sample: 2003 2012
Included observations: 10
Cross-sections included: 14
Total pool (balanced) observations: 140

Variable	Coefficient	Std. Error	t-Statistic	Prob.
C	-0.411347	0.723577	-0.568492	0.0075
LGRHC?	1.230524	0.073121	21.00805	0.0000
LGRB?	0.063951	0.019427	3.254550	0.0018
LGRPT?	-0.009162	0.045879	-0.226046	0.0012
Fixed Effects (Cross)				
_BJ--C	0.551639			
_SH--C	-0.024641			
_TJ--C	-0.084464			
_CQ--C	-0.335740			
_SY--C	0.088749			
_HT--C	-0.127490			
_FZ--C	0.335774			
_JN--C	0.127707			
_ZZ--C	0.251843			
_CS--C	0.009460			
_HK--C	-0.323837			
_XA--C	-0.198188			
_LZ--C	0.051187			
_XN--C	-0.321999			

Effects Specification

Cross-section fixed (dummy variables)

R-squared	0.921911	Mean dependent var	8.294510
Adjusted R-squared	0.911753	S.D. dependent var	0.545474
S.E. of regression	0.162040	Akaike info criterion	-0.688545
Sum squared resid	3.229618	Schwarz criterion	-0.331345
Log likelihood	65.19812	Hannan-Quinn criter.	-0.543389
F-statistic	90.75822	Durbin-Watson stat	0.607140
Prob(F-statistic)	0.000000		

图 A-4　现行房产税估计结果

Dependent Variable: LGRHP?
Method: Pooled Least Squares
Date: 12/23/14 Time: 19:36
Sample: 2003 2012
Included observations: 10
Cross-sections included: 14
Total pool (balanced) observations: 140

Variable	Coefficient	Std. Error	t-Statistic	Prob.
C	-0.996472	0.574641	-1.734076	0.0854
LGRHC?	1.218963	0.059097	20.62653	0.0000
LGRB?	0.063528	0.019522	3.254227	0.0015
LGRT1?	-0.010922	0.047897	-0.228026	0.8200
Fixed Effects (Cross)				
_BJ--C	0.530678			
_SH--C	-0.051022			
_TJ--C	-0.099561			
_CQ--C	-0.302776			
_SY--C	0.118174			
_HT--C	-0.125382			
_FZ--C	0.349229			
_JN--C	0.115544			
_ZZ--C	0.283245			
_CS--C	0.030919			
_HK--C	-0.355867			
_XA--C	-0.198063			
_LZ--C	0.027942			
_XN--C	-0.323060			

Effects Specification

Cross-section fixed (dummy variables)

R-squared	0.921140	Mean dependent var	8.294510
Adjusted R-squared	0.910881	S.D. dependent var	0.545474
S.E. of regression	0.162839	Akaike info criterion	-0.678711
Sum squared resid	3.261532	Schwarz criterion	-0.321512
Log likelihood	64.50978	Hannan-Quinn criter.	-0.533556
F-statistic	89.79491	Durbin-Watson stat	0.639127
Prob(F-statistic)	0.000000		

图 A-5　房地产税一引入模型估计结果

Dependent Variable: LGRHP?
Method: Pooled Least Squares
Date: 12/23/14 Time: 20:09
Sample: 2003 2012
Included observations: 10
Cross-sections included: 14
Total pool (balanced) observations: 140

Variable	Coefficient	Std. Error	t-Statistic	Prob.
C	-0.729438	0.676862	-1.077676	0.2833
LGRHC?	1.214547	0.058128	20.89417	0.0000
LGRB?	0.061961	0.019635	3.155663	0.0020
LGRT2?	-0.040104	0.060587	-0.661923	0.5093
Fixed Effects (Cross)				
_BJ--C	0.526913			
_SH--C	-0.049472			
_TJ--C	-0.101545			
_CQ--C	-0.310337			
_SY--C	0.114904			
_HT--C	-0.121539			
_FZ--C	0.340487			
_JN--C	0.125819			
_ZZ--C	0.284445			
_CS--C	0.035504			
_HK--C	-0.355689			
_XA--C	-0.200073			
_LZ--C	0.039494			
_XN--C	-0.328912			

Effects Specification

Cross-section fixed (dummy variables)

R-squared	0.921386	Mean dependent var	8.294510
Adjusted R-squared	0.911160	S.D. dependent var	0.545474
S.E. of regression	0.162584	Akaike info criterion	-0.681844
Sum squared resid	3.251329	Schwarz criterion	-0.324645
Log likelihood	64.72910	Hannan-Quinn criter.	-0.536689
F-statistic	90.10081	Durbin-Watson stat	0.630090
Prob(F-statistic)	0.000000		

图 A-6　房地产税二引入模型估计结果

Dependent Variable: LGRHP?
Method: Pooled Least Squares
Date: 12/23/14 Time: 20:26
Sample: 2003 2012
Included observations: 10
Cross-sections included: 14
Total pool (balanced) observations: 140

Variable	Coefficient	Std. Error	t-Statistic	Prob.
C	-0.687104	0.672799	-1.021263	0.3091
LGRHC?	1.213881	0.058004	20.92772	0.0000
LGRB?	0.061673	0.019633	3.141339	0.0021
LGRT3?	-0.044629	0.059795	-0.746367	0.4569
Fixed Effects (Cross)				
_BJ--C	0.531601			
_SH--C	-0.051465			
_TJ--C	-0.103832			
_CQ--C	-0.312540			
_SY--C	0.113825			
_HT--C	-0.121833			
_FZ--C	0.340542			
_JN--C	0.127228			
_ZZ--C	0.282818			
_CS--C	0.034496			
_HK--C	-0.355933			
_XA--C	-0.201934			
_LZ--C	0.041425			
_XN--C	-0.324398			

Effects Specification

Cross-section fixed (dummy variables)

R-squared	0.921462	Mean dependent var	8.294510
Adjusted R-squared	0.911246	S.D. dependent var	0.545474
S.E. of regression	0.162506	Akaike info criterion	-0.682807
Sum squared resid	3.248200	Schwarz criterion	-0.325608
Log likelihood	64.79651	Hannan-Quinn criter.	-0.537652
F-statistic	90.19502	Durbin-Watson stat	0.629246
Prob(F-statistic)	0.000000		

图 A-7　房地产税三引入模型估计结果

参 考 文 献

[1] RUBINFELD, DANIEL L. The economics of the local public sector // ALAN J, AUERBUCH, MARTIN F S. In handbook of public economics, Amsterdam: North Hoilland, 1987: 571-645.

[2] HAMILTON B W. Zoning and property taxation in a system of local governments. Urban Studies, 1975(12):205-211.

[3] FISCHEL,WILLIAM A. Property taxation and the tiebout model: Evidence for the benefit view from vting and zoning[J]. J. Econ. Lit, 1992(30):171-177.

[4] ZODRW, GEORGE R. The tieout model after twenty-five years: An overview [Z] // ZODROW G R, eds. In local provision of public services: The tieout model after twenty-five years. New York, NY: Academic Press, 1983:1-16.

[5] NETZER D. Economics of the property tax [M]. Washington D. C. : The Booking Institution, 1966.

[6] MIESZKOWSKI P. The property tax: an excise tax or a profit tax? [J]. Public Economic Literature, 1972, 1(1): 73-96.

[7] AARON H J. Who pays the property tax? [M]. Washington D. C. : Brooking Institution. 1975.

[8] 蔡红英. 房地产税的国际比较与借鉴［J］. 税务研究，2006（3）：85-87.

[9] 张崇涛，鄢洪林，宋爱霞. 物业税的开征对我国房地产税收影响研究［J］. 山西建筑，2012（1）：255-256.

[10] 王素昭. 我国房地产税收制度的现状和改革对策［J］. 山西建筑，2008（4）：247-248.

[11] 韩晓琴. 当前有关房地产税的几个热点问题探析［J］. 经济研究导刊，2010（27）：26-27.

［12］ 常莉. 房地产税收改革对房地产业影响的效应研究［D］. 西安：西北大学，2007.

［13］ 谢群松. 论中国土地增值税的改革［J］. 经济学，2003（4）：875-892.

［14］ 陈文梅. 我国房地产税收改革初探［J］. 税务与经济，2001（3）：25-28.

［15］ 何泳仪. 房地产税与房价的关系研究综述［J］. 中国外资，2013（1）：217-218.

［16］ 金成晓，马丽娟. 征收物业税对住房价格影响的动态计量分析［J］. 经济科学，2008（6）：100-112.

［17］ 陈多长. 房地产税收论［M］. 北京：中国市场出版社，2005.

［18］ 庞凤喜. 税收原理与中国税制［M］. 北京：中国财政经济出版社，2014.

［19］ 马克和. 实用税收基础［M］. 北京：经济科学出版社，2010.

［20］ 王雍君. 税制优化原理［M］. 北京：中国财政经济出版社，1995.

［21］ 刘军，郭庆旺. 世界性税制改革理论与实践研究［M］. 北京：中国人民大学出版社，2001.

［22］ 宋凤轩，谷彦芳，于艳芳. 税收理论与制度［M］. 北京：人民邮电出版社，2011.

［23］ 况伟大. 房产税、地价与房价［J］. 中国软科学，2012（4）：25-37.

［24］ 王玉翠. 我国开征物业税的理论研究与现实思考［D］. 青岛：中国海洋大学，2008.

［25］ 黄志良. 我国物业税制度设计中土地出让金问题的探讨［J］. 商业会计，2009（22）：46-47.

［26］ 胡孝伦. 对开征物业税几个问题的探析［J］. 扬州大学税务学院学报，2004（2）：4-7.

［27］ 薛培红. 开征物业税的政策设计及税收效应分析：基于西安市房地产市场引发的思考［D］. 西安：西北大学，2007.

［28］ 吴晓宇. 开征物业税对房价的影响［J］. 涉外税务，2004（4）：16.

［29］ 岳树民. 房地产税制改革应考虑的问题［J］. 经济研究参考，2005（55）：19-20.

[30] 韩凤芹. 物业税不能与房价绑在一起［N］. 中国经济导报，2010-01-05（B05）.

[31] 龚刚敏. 论物业税对房地产价格与政府行为的影响［J］. 税务研究，2005，05：43-45.

[32] 况伟大，马一鸣. 物业税、供求弹性与房价［J］. 中国软科学，2010（12）：27-35.

[33] 王海勇. 我国房地产市场发展和房地产税收制度改革研究［J］. 经济研究参考， 2005（43）：19-27.

[34] 金成晓，马丽娟. 征收物业税对住房价格影响的动态计量分析［J］. 经济科学，2008（6）：100-112.

[35] 杜雪君，黄忠华，吴次芳. 房地产价格、地方公共支出与房地产税负关系研究：理论分析与基于中国数据的实证检验［J］. 数量经济技术经济研究，2009（1）：109-119.

[36] 巴曙松，刘孝红，尹煜. 物业税改革对房地产市场的影响研究［M］. 北京：首都经济贸易大学出版社，2011.

[37] 任宏，王林. 中国房地产泡沫［M］. 重庆：重庆大学出版社，2008.

[38] 吴德进，李国柱. 房地产泡沫：理论预警与治理［M］. 北京：社会科学文献出版社，2007.

[39] RENAUD B. The 1985 to 1994 global real estate cycle [J]. Journal of Real Estate Literature, 1997(5):13-44.

[40] NAKAMURA K. Land price and fluctuation [J]. Japan and the Word Economy, 2007.

[41] 沈悦，刘洪玉. 住宅价格与经济基本面：1995—2002 年中国 14 个城市的实证研究［J］. 经济研究，2004（6）：78-86.

[42] 周京奎. 货币政策、银行贷款与住宅价格：对中国 4 个直辖市的实证研究［J］. 财贸经济，2005 （5）：22-27.

[43] 陈淼峰，陈龙乾. 宏观调控对房地产价格的影响分析［J］. 经济学家，2005（2）：120-121.

［44］吴航，窦尔翔. 抑制房地产市场“泡沫”的多重视角分析［J］. 经济学家，2007（2）：124-126.

［45］位志宇，杨忠直，王爱民. 房地产价格与宏观经济基本面研究的新视角［J］. 系统管理学报，2007（5）：572-575.

［46］王岳龙，武鹏. 房价与地价关系的再检验：来自中国 28 个省的面板数据［J］. 南开经济研究，2009（4）：131-143.

［47］KIM K H. Speculation and price bubbles in the Korean and Japanese real estate markets [J]. Journal of Real Estate Finance and Economics, 1993, 6(1):73-87.

［48］野口悠纪雄. 土地经济学［M］. 汪斌，译. 北京：商务印书馆，1996.

［49］SATIO H. The US real estate bubble,A comparison to Japan [J]. Japan and world economy, 2003(15): 365-371.

［50］WONG K Y. Housing Market bubbles and the currency crisis：The Case of Thailand [J]. Japanese Economic Review, 2001, 52(4): 382-419.

［51］江时学. 爱尔兰房地产泡沫解析［J］. 欧洲研究，2011（3）：130-143+162.

［52］韩骏. 西班牙房地产泡沫破灭的原因、后果及其警示［J］. 中国房地产金融，2011（7）：37-41.

［53］HIRSEH W Z. Urban economics [M]. London: Macmillan Press, 1984: 316-325.

［54］叶剑平，谢经荣. 房地产业与社会经济协调发展研究［M］. 北京：中国人民大学出版社，2005.

［55］李木祥. 中国房地产泡沫研究［M］. 北京：中国金融出版社，2007.

［56］吴德进，李国柱. 房地产泡沫：理论、预警与治理 ［M］. 北京：社会科学文献出版社，2007.

［57］李延喜. 次贷危机与房地产泡沫［M］. 北京：中国经济出版社，2008.

［58］焦雪霞，庚晋. 房地产泡沫形成机制及治理的措施［J］. 基建管理优化，2010（01）：2-13.

［59］李莉. 房地产市场治理的国际比较［J］. 农村金融研究，2010（11）：32-36.

[60] 昌忠泽. 房地产泡沫、金融危机与中国宏观经济政策的调整 [J]. 经济学家，2010（07）：69-76.

[61] 刘祖扬，杨雪. 简析我国房地产泡沫与房产税试点 [J]. 现代商业，2013（23）：21-22.

[62] 陈多长. 房地产税收论 [M]. 北京：中国市场出版社，2005.

[63] 庞凤喜. 税收原理与中国税制 [M]. 北京：中国财政经济出版社，2014.

[64] 马克和. 实用税收基础 [M]. 北京：经济科学出版社，2010.

[65] 王雍君. 税制优化原理 [M]. 北京：中国财政经济出版社，1995.

[66] 刘军，郭庆旺. 世界性税制改革理论与实践研究 [M]. 北京：中国人民大学出版社，2001.

[67] 宋凤轩，谷彦芳，于艳芳. 税收理论与制度 [M]. 北京：人民邮电出版社，2011.

[68] 伊特韦尔，纽曼，米尔盖特. 新帕尔格雷夫经济学大辞典 [M]. 陈岱孙，董辅礽，罗元明，译. 北京：经济科学出版社，1992.

[69] 徐滇庆. 房价与泡沫经济 [M]. 北京：机械工业出版社，2006.

[70] ABRAHAM J M，HENDERSHOTT P H. Bubbles in metropolitan housing markets [J]. Journal of Housing Research, 1996(2): 191-207.

[71] 邓宏乾. 中国房地产税制研究 [M]. 武汉：华中师范大学出版社，2000.

[72] 王素昭. 我国房地产税收制度的现状和改革对策[J]. 山西建筑，2008(4)：247-248.

[73] 杜雪君，黄忠华，吴次芳. 房地产税、地方公共支出对房价影响：全国及区域层面的面板数据分析 [J]. 中国土地科学，2009，23（7）：9-14.

[74] 季勇，朱道林. 我国不动产税制改革研究综述 [J]. 当代财经，2004（5）：29.

[75] 赵晋琳. 当前我国房地产税制中存在的主要问题[J]. 涉外税务，2004(4)：12-13.

[76] 杨柳，陈艳. 不动产税的国际比较及我国不动产税的改革 [J]. 特区经济，2006（3）：169-171.

［77］倪红日，尹佳音. 财产税税权划分的国际比较及对中国物业税的启示［J］. 涉外税务，2008（1）：18-22.

［78］刘洪玉. 房产税改革的国际经验与启示［J］. 改革，2011（2）：84-88.

［79］余南平. 世界住房模式比较研究：以欧美亚为例［M］. 上海：上海人民出版社，2011.

［80］根据新加坡国内税务局网站数据资料整理。http：//www. iras. gov. sg.

［81］顾红. 日本税收制度［M］. 北京：经济科学出版社，2003.

［82］柴强. 我国房地产制度改革与市场发展 30 年［N/OL］. http://theory. people. com. cn/GB/49154/49155/8108609. html，2008.

［83］李平. 对我国房地产泡沫的测度研究［J］. 统计与决策，2007，（24）：82-85.

［84］徐滇庆. 房价与泡沫经济［M］. 北京：机械工业出版社，2006.

［85］钟春仿. 基于状态空间模型的我国房地产泡沫的测度研究［J］. 科技信息. 2008（16）：223.

［86］石永浩. 论预期框架下基于投机泡沫模型的房地产测度. 中外企业家. 2009（11）：237.

［87］沈吟. 当前房地产市场存在的问题与对策研究. 商场现代化，2010（8）：111.

［88］熊方军，邓长荣，马永开. 我国房地产市场总供给与总需求差异分析［J］. 软科学，2007（10）：31-37.

［89］周京奎. 金融支持过度与房地产泡沫研究［D］. 天津：南开大学，2004.

［90］倪鹏飞. 大中城市房地产整体过热［N］. 经济日报，2004-11-14（006）.

［91］安体富，王海勇. 我国房地产市场发展和房地产税收制度改革研究［J］. 经济研究参考，2005（43）：19-27.

［92］邓宏乾. 基于税收目的的物业税改革分析：兼评物业税改革方案［J］. 华中师范大学学报（人文社会科学版），2006（03）：58-62.

［93］胡孝伦. 对开征物业税几个问题的探析［J］. 扬州大学税务学院学报，2004（2）：4-7.

［94］薛培红. 开征物业税的政策设计及税收效应分析［D］. 西安：西北大学，

2007.

[95] 巴曙松，刘孝红，尹煜. 物业税改革对房地产市场的影响研究［M］. 北京：首都经济贸易大学出版社. 2011.

[96] 吕炜，刘晨晖. 财政支出、土地财政与房地产投机泡沫：基于省际面板数据的测算与实证［J］. 财贸经济，2012（12）：21-30.

[97] 苑德宇，宋小宁. 中国区域房价泡沫测度及空间传染性研究：基于 2001—2005 年 35 个大中城市面板数据的实证分析[J]. 上海财经大学学报，2008（03）：78-85.

[98] 孙美全. 房地产泡沫测度旁证研究［D］. 长沙：中南大学，2012.

[99] 朱英姿，杨斌，刘小波. 房地产价格指数周期的宏观分析［J］. 投资研究，2011（07）：22-31.

[100] 常莉. 房地产税收改革对房地产业影响的效应研究［D］. 西安：西北大学，2007.

[101] 杜雪君. 房地产税对房价的影响机理与实证分析［D］. 杭州：浙江大学，2009.

[102] 张洪力. 论需求因素模型法确定房地产泡沫度［J］. 河南师范大学学报（哲学社会科学版），2006（05）：118-120.

[103] 岳树民. 中国税制优化的理论分析［M］. 北京：中国人民大学出版社，2003.

[104] 王丽娟，孙玉娟. 开征房地产税的观点综述与理论总结［J］. 财税纵横，2012（23）：65-67.

[105] 裘思珺. 关于我国开征物业税的研究［D］. 上海：上海交通大学，2009.

[106] 徐建康. 我国开征物业税的制度设计与经济效应分析［D］. 上海：复旦大学，2007.

[107] 谢伏瞻. 中国不动产税制设计［M］. 北京：中国发展出版社，2006.

[108] 钟永光，贾晓菁，李旭，等. 系统动力学［M］. 北京：科学出版社，2010.

[109] 雷恰逊，等. 系统动力学建模导论［M］. 杨通谊，等译. 合肥：安徽科学技术出版社，1987.

［110］ 苏懋康. 系统动力学原理及应用［M］. 上海：上海交通大学出版社，1988.

［111］ 陈磊. 基于系统动力学的住宅房地产价格研究［D］. 武汉：武汉理工大学，2009.

［112］ 赵娟. 基于系统动力学的宏观调控对房地产价格影响研究［D］. 北京：北京交通大学，2014.

［113］ 何苗. 物业税制优化设计与均衡检验研究［D］. 成都：西南财经大学，2008.

［114］ 刘宁，徐红. 我国房产税改革的相关问题及建议［J］. 经济论坛，2010（9）：35-38.

［115］ 曲卫东. 中国房地产税评估的改革历程与政策建议［J］. 中国市场，2012（24）：67-70.

［116］ 谢伏瞻. 中国不动产税制设计［M］. 北京：中国发展出版社，2006.